Bernd Sprenger

Die
Illusion
DER PERFEKTEN
KONTROLLE

Bernd Sprenger

Die *Illusion* DER PERFEKTEN KONTROLLE

Kösel

Für Dorle

FSC
Mix
Produktgruppe aus vorbildlich
bewirtschafteten Wäldern und
anderen kontrollierten Herkünften

Zert.-Nr. SGS-COC-1940
www.fsc.org
© 1996 Forest Stewardship Council

Verlagsgruppe Random House FSC-DEU-0100
Das für dieses Buch verwendete FSC-zertifizierte Papier
Munken Premium liefert Arctic Paper Munkedals AB, Schweden.

**Life is what happens to you
while you're busy making other plans.**

John Lennon

(Leben ist das, was einfach passiert,
während du eifrig andere Pläne schmiedest)

Inhalt

Einstimmung:
Die Sehnsucht nach Kontrolle und die Erfahrung der Machtlosigkeit

»Alle, die es nun wirklich besser wissen als ich, haben es gesagt: Das ist eine ganz sichere Sache. Die Prüfungsinstitute (gemeint sind die Ratingagenturen, die große Unternehmen bewerten; B.S.) haben nur gute Noten für dieses Investment vergeben. Wissen Sie, ich war in Finanzdingen eigentlich nie eine Spielerin; ich habe immer nach dem Motto gehandelt: ordentlich arbeiten, gut leben, was zurücklegen – ›Sparst du in der Zeit, dann hast du in der Not‹, hat schon meine Oma immer gesagt. Und jetzt das.«

Die etwa 45-jährige Kollegin, die vor mir saß, war es als Ärztin gewohnt, viel zu arbeiten. Persönlich eher bescheiden, hatte sie sich bemüht, neben der Rentenversicherung eine Rücklage aufzubauen, um vielleicht ein bisschen eher mit ihrer Praxis aufhören zu können, falls sie das in 20 Jahren einmal wollte. Ein Finanzberater hatte ihr zu zweifelhaften Anlagen geraten, in die sie erhebliche Mittel investiert hatte – »redlich verdientes und versteuertes Geld«, wie sie ein ums andere Mal sagte. Im Herbst 2008, als die internationale Finanzkrise sich abzuzeichnen begann, musste sie erkennen, dass der weitaus größte Teil dieses Geldes verloren war. Sie war zu mir gekommen, weil sie in der Folge immer häufiger in depressiven Grübelschleifen gefangen war, unter zunehmender Schlaflosigkeit litt und das Gefühl hatte, nicht mehr aus eigener Kraft aus einer beginnenden Depression herauszukommen.

Am bemerkenswertesten für mich war bei dieser Kollegin, dass ihr die Tatsache des verlorenen Geldes weniger auszumachen schien als die Erfahrung, trotz aller Vorsicht und aller »Sicherheiten«, die sie sich hatte geben lassen, völlig machtlos zu sein gegenüber dem Verlust. Ich habe mir genauer schildern lassen, wie sie sich um »Sicherheit« bemüht hat. Sie hatte herkömmlichen Bankberatern von vornherein misstraut und sich auf einen Finanzmakler verlassen, der ihr von mehreren Bekannten als seriös und redlich empfohlen worden war. Dessen Ratschläge hatte sie versucht »gegenzuchecken«, durch eigene Recherchen im Internet, wobei sie viel Zeit investiert hatte, da sie sich mit der Materie nicht auskannte. Schließlich hatte sie fast ein Jahr nach dem ersten Kontakt zu ihrem Finanzberater verstreichen lassen, bis sie zum ersten Mal einen Vertrag zur Geldanlage unterschrieb. Dabei ist ein Detail wichtig, was uns noch beschäftigen wird: Letzten Endes schenkte die Frau einem Berater Vertrauen, weil der ihr von Menschen, denen sie vertrauen konnte, empfohlen worden war. Das Thema »Kontrolle« hat viel mit dem Thema »Beziehung« zu tun, wie wir noch sehen werden.

In der Lebensgeschichte dieser Frau waren die Fragen nach Sicherheit und Kontrolle immer wieder zentrale Themen gewesen. Sie war nicht eigentlich ängstlich, aber versuchte bei allem, ein möglichst hohes Maß an Kontrolle ausüben zu können, bevor sie etwas unternahm, einen Entschluss fasste oder eine Entscheidung in die Tat umsetzte. Das Thema der Erfahrung der Machtlosigkeit bei gleichzeitig hohem Kontrollbedürfnis ist dann auch das zentrale Thema in der Therapie geworden.

Kontrollwünsche als Basisbedürfnis

Der Wunsch nach Kontrolle der eigenen Lebensumstände ist ein psychologisches Basisbedürfnis: Ich möchte, so weit das irgendwie möglich ist, sozusagen der Autor meiner eigenen Lebensgeschichte sein. Wie bei allen psychologischen Variablen ist auch hier die Spannbreite dessen, was der oder die Einzelne braucht, um sich wohlzufühlen, individuell sehr verschieden. Es gibt Menschen, die mit einem hohen Grad an Unsicherheit gut zurechtkommen, und es gibt andere, die schon bei der kleinsten Unwägbarkeit ängstlich reagieren und sich unwohl fühlen. Wird der Wunsch nach Kontrolle der einzige und das Leben dominierende Impuls, droht eine krankhafte Entwicklung. Dann kann es zu einer Angststörung oder einer Zwangskrankheit kommen. Bei den Angststörungen kommt es zu ständigen Ängsten, die nicht mehr der äußeren Lebenswirklichkeit angemessen sind und die Betroffenen erheblich im alltäglichen Lebensvollzug behindern können. Zwangskrankheiten sind dadurch gekennzeichnet, dass der Wunsch nach Kontrolle zu einem inneren Zwang geworden ist, der den Betroffenen im Griff hat – diese Patienten verlieren die Freiheit, über die Ausführung einer bestimmten Kontrollhandlung zu entscheiden (zum Beispiel bei Verlassen des Hauses zu überprüfen, ob die Tür geschlossen ist). Ein Zwangskranker muss solche Kontrollhandlungen zwanghaft zigmal wiederholen, ohne dass das Ergebnis der Kontrollhandlung dazu führt, beruhigt seiner Wege gehen zu können. Wird der Patient daran gehindert, seine Zwangshandlungen auszuführen, reagiert er in der Regel mit massiver Angst. Folgerichtig gehören in den diagnostischen Systemen der psychischen Erkrankungen die Zwangskrankheiten und die Angststörungen auch zusammen.

Es geht mir in diesem Buch aber nur am Rande um die krankhaften Extreme des Wunsches nach Kontrolle, sondern eher um das alltägliche Dilemma: Einerseits wäre möglichst viel Kontrolle gut und wünschenswert, andererseits mache ich die Erfahrung, dass ich in vielen Bereichen, die mich unmittelbar betreffen, sehr wenig wirkliche Kontrolle ausüben kann. Dazu kommt, dass zu viel Kontrolle tatsächlich das Leben behindert – und damit kontraproduktiv wird; wir werden das an vielen Beispielen sehen. Das fängt bei der eigenen Körperlichkeit an: Für viele Leute ist es sehr verblüffend, wenn sie sich einmal wirklich vor Augen führen, dass der Organismus im Wesentlichen funktioniert, ohne dass wir uns groß einmischen müssten. Das ist auch biologisch sinnvoll: Stellen Sie sich vor, Sie müssten all die Abläufe in Ihnen, die gleichzeitig vonstattengehen, während Sie diesen Text lesen, bewusst und aktiv steuern. Vom Herzschlag über den Blutdruck und die Atmung zur Spannung der Muskulatur und dem Zusammenwirken der einzelnen Organe, ganz zu schweigen der einzelnen Zellen – wenn Sie das alles bewusst steuern müssten, kämen Sie nicht mehr zum Lesen oder gar zum Verstehen dieses Textes. Und ich habe jetzt nur physiologische Abläufe aufgezählt – wenn man die psychologischen noch dazu nimmt, wird es noch ein bisschen komplizierter.

Es steht uns nur ein schmales »Fenster des Bewusstseins« zur Verfügung, das uns gewahr werden lässt, wie es in uns aussieht. Man schätzt, dass nur fünf Prozent dessen, was im Organismus geschieht, uns wirklich bewusst wird. Fünf Prozent! Der Rest, also 95 Prozent, bleibt unbewusst. Das heißt aber nicht, dass diese 95 Prozent unwichtig sind – im Gegenteil, sie bestimmen unser Erleben und Verhalten sehr deutlich mit. Das ist der Grund, warum Menschen Dinge tun, die sie selbst eigentlich nicht wollen, wenn sie bewusst nachdenken. Dieses Problem ist schon im Römerbrief des Paulus im Neuen Testament sehr treffend formuliert: »Denn ich weiß nicht, was ich tue. Denn ich tue nicht, was ich will, sondern was ich hasse, das tue ich«. (Römer 7,19)

Die Verleugnung der Unkontrollierbarkeit

Wir leben in einer Kultur, die zwar weiß, dass das so ist, aber immer noch so tut, als wäre dem nicht so. Mit anderen Worten: Die Kräfte, die nicht unserer Kontrolle unterliegen und trotzdem wirkmächtig sind, werden entweder gleich ganz verleugnet oder aber gewaltig unterschätzt.

Jeder Mensch stößt früher oder später an den Widerspruch zwischen dem Wunsch nach Kontrolle und der Erfahrung, diese nicht ausreichend – das heißt dem eigenen Wunsch entsprechend – ausüben zu können. Das fängt bei der Kontrolle der eigenen Körpervorgänge an, wird aber noch viel deutlicher, wenn die Mitmenschen ins Spiel kommen. Menschen sind durch und durch »Beziehungstiere«, das heißt, wir sind elementar auf die anderen angewiesen. In der frühen Kindheit sowieso: Im Gegensatz zu anderen Säugetieren brauchen Menschen eine verhältnismäßig lange Periode, in der sie komplett auf die körperliche und seelische Versorgung durch andere, in der Regel die Eltern, angewiesen sind. Gelingt diese Versorgung nicht in ausreichendem Maße, sind schwere Entwicklungsdefizite die Folge. Das ist heutzutage ausgiebig erforscht.

Aber auch im späteren Leben ist die Art und Weise, wie wir unsere Beziehungen zu anderen Menschen gestalten, absolut ausschlaggebend für die seelische (und damit zu einem guten Teil auch körperliche) Gesundheit. Da kann die Erfahrung, die Kontrolle (in diesem Fall über die anderen) nicht zu haben, durchaus schmerzvoll sein. Viele Beziehungsdramen, die ich in meiner therapeutischen oder beraterischen Tätigkeit zu sehen bekomme, haben direkt mit dem Thema der Kontrolle in Beziehungen zu tun. Dabei gibt es im Wesentlichen zwei Irrtümer: Der eine zeigt sich darin, dass jemand meint, er müsse seinen Beziehungspartner möglichst gut unter Kontrolle halten. Dabei sind der Fantasie darüber, wie das gemacht werden könnte, keine Grenzen gesetzt – das geht von ganz plumper Gewalt bis zu höchst subtilen emotionalen Manipulationen. Im anderen Irrtum meint man, sich gar nicht absprechen zu müssen und alles funktioniere von allein. Ich werde auf das Thema »Kontrolle in Beziehungen« später noch ausführlich eingehen.

Die Liebe und der Tod, die beiden großen Themen der Weltliteratur und der bildenden Kunst, sind auch bei unserem Thema die Bereiche, wo die Frage nach der Kontrolle jeden Einzelnen existenziell berührt. Eine nicht erwiderte Liebe, das Ende einer Liebesbeziehung und natürlich der Tod eines geliebten Menschen führen uns drastisch vor Augen, dass das Leben selbst nicht kontrollierbar ist, sosehr wir uns auch anstrengen mögen, dies zu verleugnen.

Es ist das große historische Verdienst Sigmund Freuds und der von ihm begründeten Psychoanalyse, die Tatsache ins kulturelle Bewusstsein zu rücken, dass es unbewusste Faktoren gibt, die gleichwohl für das Erleben und Verhalten von bestimmender Bedeutung sind. Wenn auch einige der freudschen Theorien und Konstrukte im Einzelnen heute als wissenschaftlich überholt gelten müssen, ist diese fundamentale Tatsache der Stachel im Fleisch der technischen Zivilisation geblieben, die so gerne glauben würde, dass letztendlich alles machbar sei.

Als Psychotherapeut habe ich praktisch täglich mit der Unterschätzung dieses Themas in unserer Kultur zu tun. Es gibt nicht wenige Patientinnen und Patienten, die auch dann noch an der Illusion der Kontrolle festhalten, wenn sie in ihrem eigenen Leben sehr reale schmerzhafte gegenteilige Erfahrungen gemacht haben. Am deutlichsten wird mir das immer wieder bei den Menschen, die in eine stoffliche oder nicht stoffliche Abhängigkeit geraten sind. Fast regelhaft ist es bei ihnen so, dass sie sich ungeheuer anstrengen, ihre Abhängigkeit »mit dem eigenen Willen« in den Griff zu bekommen – nur um wiederholt die Erfahrung zu machen, dass die Sucht sie im Griff hat und nicht umgekehrt. Das ist eine sehr bittere Erfahrung und verheerend für die eigene Selbstachtung und das Selbstwertgefühl. Es findet oft ein regelrechter Kampf darum statt, sich selbst zu beweisen, dass man die Kontrolle doch noch hat. Paradoxerweise kann ein Heilungsprozess erst dann einsetzen, wenn die betroffenen Patienten akzeptieren, dass sie machtlos sind. Dieses Paradox – die Kraft, die in der Akzeptanz der Machtlosigkeit liegt – wird uns noch beschäftigen.

Angstbewältigung durch Kontrolle in unserer Gesellschaft

Angst als biologisch verankertes Grundgefühl

Vielleicht ist es notwendig, zunächst noch einmal zu betonen, dass sowohl Angst als auch der Wunsch nach Kontrolle der eigenen Lebensumstände zum Leben dazugehören – und zwar sozusagen »natürlicherweise«.

Angst gehört zu den basalen, biologisch verankerten Grundgefühlen. Die Wahrnehmung von Gefühlen hilft uns dabei, uns in unserer Umwelt und im zwischenmenschlichen Bereich zu orientieren. Dabei sind die Teile des Nervensystems, die mit der Wahrnehmung von Gefühlen und deren Bewertung zu tun haben, stammesgeschichtlich älter als die Systeme, die mit Rationalität und Denken befasst sind – und sie sind schneller, was die Signalverarbeitung betrifft. So dient die Angst dazu, dem Individuum zu signalisieren, dass eine bestimmte Gefahr droht. Wenn Angst im Spiel ist, wird der Organismus quasi auf »Achtung!« geschaltet, damit er im Zweifel alles mobilisieren kann, was zu einer Flucht (oder auch zu einem Angriff) nötig ist. Dabei kommt es zu einem faszinierenden Zusammenspiel vieler Organe und Organsysteme; das geht von der vertieften Atmung über den beschleunigten Herzschlag und den erhöhten Blutdruck bis zur Veränderung des Blutspiegels bestimmter körpereigener Hormone, etwa des Cortisols und des Adrenalins, von der Veränderung der Darmtätigkeit bis zur erhöhten Anspannung der Muskulatur, um nur einige Beispiele zu nennen.

Diese Reaktionen haben eine lange Evolutionsgeschichte hinter sich und sind eigentlich dazu gedacht, den Organismus in einer akut drohenden Gefahr optimal »einzustellen«, um der Gefahr begegnen zu können. Diese Gesamtkörperreaktionen bei Angst sind daher auch bei Tieren nachweisbar. Sie sind entstanden in einer Phase der menschlichen Entwicklung, als die menschliche Spezies noch sehr viel mehr unter Wildnisbedingungen gelebt hat, als wir das heute tun. Die meisten Ängste, die wir heute hegen, sind anderer Natur als die Angst unserer Vorfahren vor einem wilden Tier. Die »ursprüngliche« Angstreaktion ist auch heute noch hilfreich, wenn ich etwa in der Nacht durch eine unbekannte Großstadtstraße gehe und mir eine Horde Betrunkener aggressiv begegnet – dann ist die organismische Angstreaktion genauso hilfreich, wie sie für unseren Vorfahren gewesen ist, der sich unerwartet einem Bären oder einem Wolf gegenübersah.

Bei der Angst um den Arbeitsplatz, der Angst vor Verlust der Rente oder ähnlichen »modernen« Ängsten ist die organismische Angstreaktion aber eher hinderlich als hilfreich. Nicht umsonst sagt man, Angst sei ein schlechter Ratgeber: In der Tat hilft die Angstreaktion, wie ich sie oben beschrieben habe, gar nicht, wenn es darum geht, ein komplexes Problem in Ruhe zu überdenken und Lösungsstrategien zu entwickeln. Angst drängt zu unmittelbarer Aktion – und deshalb sind angstgesteuerte Reaktionen bei Problemen komplexerer Art häufig nicht nur nicht problemlösend, sondern sogar kontraproduktiv. Wenn dann eine gewisse Ängstlichkeit zur – in der Regel nicht einmal bewussten – Grundeinstellung wird, kann dies zu einer erheblichen Beeinträchtigung der eigenen Lebensmöglichkeiten führen. Dann ist das eigentlich sinnvolle Navigationsinstrument »Angst« für den Betroffenen zu einem Hemmschuh für das erfolgreiche Bewältigen des eigenen Lebens geworden.

Das psychologische Grundbedürfnis nach Orientierung und Kontrolle

Ganz ähnlich verhält es sich mit der Kontrolle. Der 2005 verstorbene Psychotherapieforscher Klaus Grawe sprach von vier psychologischen Grundbedürfnissen, deren eines das Bedürfnis nach Orientierung und Kontrolle ist – die anderen drei sind: das Bindungsbedürfnis, das Bedürfnis nach Selbstwerterhöhung und Selbstwertschutz sowie das Bedürfnis nach Unlustvermeidung und Lustgewinn.

Orientierung und Kontrolle haben unmittelbar mit dem Gefühl von Sicherheit zu tun. Wenn ich chronisch desorientiert bin oder keinerlei Kontrolle über mein eigenes Leben ausüben kann, ist das mit einem andauernden Empfinden von Unsicherheit verbunden. Mit anderen Worten: Der Organismus befindet sich in einem Zustand von Dauerstress, wenn die Orientierung und die Kontrolle fehlen. Aber auch hier gilt das Gesetz der Dosis: Wenn zu viel Kontrolle ausgeübt wird, kann dies dazu führen, dass sinnvolle Kontroll- und Steuerungsmaßnahmen umschlagen in ein Gefängnis für den Betroffenen. Im Extrem sieht man das bei Menschen, die unter einem Kontrollzwang leiden. Das ist eine Variante der Zwangskrankheit, bei der der Patient immer wieder bestimmte Kontrollrituale durchführen muss, um nicht von Angst überschwemmt zu werden; das Beispiel des Patienten, der immer wieder zur Haustür zurückgehen muss, um sich zu überzeugen, dass sie auch wirklich geschlossen ist, hatte ich schon erwähnt. Zwanghafte Kontrollrituale können dann ganze Tage ausfüllen und sind die Quelle großen Leides bei den betroffenen Patienten.

Kontrolle in verschiedenen Lebensbereichen

Die Frage ist also nicht: dauernde Angst oder völlige Angstfreiheit beziehungsweise Kontrolle über jedes Lebensdetail oder Verzicht auf jede Kontrolle, sondern die Frage lautet: Welches Maß an Kontrolle in welchen Lebensbereichen ist sinnvoll und zuträglich, und wo wird Kontrolle zum sinnlosen und vor allem vergeblichen Ritual, um Angst zu bannen?

Hierzu möchte ich einige Bereiche unseres Lebens genauer unter die Lupe nehmen.

Heilkunde und Medizintechnik

Aufgabe der Medizin ist und war es seit Menschengedenken, Leid zu lindern und den Tod zurückzudrängen, wo dies nur möglich ist. Das führt naturgemäß dazu, dass die Medizin versuchen muss, bestimmte Bereiche der biologischen und psychologischen Funktionen des Organismus und der natürlichen Umwelt kontrollieren zu können. Dazu gehört auch, dass der einzelne Mensch sich möglichst so verhält, dass dies seiner Gesundheit zuträglich ist und Krankheiten verhindert. Die alten Griechen hatten dafür sogar eine Göttin: Hygieia, die Tochter des Asklepios. »Hygienisch« zu leben hieß, die Regeln zu beachten, derer man sich damals schon bewusst gewesen ist, um die Gesundheit zu erhalten. Das ging von Speiserichtlinien über die Art des Zusammenlebens bis zur Reinlichkeit, war also viel umfassender, als der Begriff der Hygiene heute gebraucht wird, wo er praktisch ausschließlich die Reinlichkeit meint. Seither haben sehr viele medizinische Errungenschaften der letzten zwei Jahrtausende mit Kontrolle zu tun. Es ging historisch dabei zunächst um die Kontrolle einfachster Dinge, wie bei der Ernährungslehre oder der Reinlichkeit; inzwischen geht es auch um die Kontrolle viel komplexerer Zusammenhänge. Wenn wir uns impfen lassen, versuchen wir gewisse Aspekte des Immunsystems zu kontrollieren, indem wir es so beeinflussen, dass es Antikörper bildet gegen die Infektionskrankheit, gegen die wir impfen. Inzwischen haben noch ganz andere Dimensionen Bedeutung gewonnen – etwa die Diskussion um Gentechnologie und Stammzellforschung. Es ist ja heute tatsächlich möglich, in ein Genom (die Gesamtheit der Erbanlagen) technisch einzugreifen – der »designte Organismus« ist nicht mehr reine Science-Fiction, sondern in erreichbarere Nähe gerückt.

Im Bereich der Intensivmedizin können wir sehen, dass Menschen, die noch vor 50 Jahren bei bestimmten Erkrankungen unweigerlich gestorben wären, heute eine ganz gute Überlebens- und manchmal sogar eine Heilungschance haben.

Wir sind längst angekommen bei den Fragen der Kontrolle über das Leben selbst. Das ist auch das Thema bei den Fragen von Intensivmedizin und passiver beziehungsweise aktiver Sterbehilfe. Bis zu welcher Grenze darf die Medizin gehen bei ihrem Wunsch nach Kontrolle? Es ist Skepsis angezeigt, wenn behauptet wird, es gebe diesbezüglich eine absolute Grenze – die Geschichte hat gezeigt, dass die Medizin diese Grenze immer wieder verschoben hat. So hat sich zum Beispiel das Geburtsgewicht, ab dem ein früh geborener Mensch eine Überlebenschance hat, in den letzten 30 Jahren deutlich verringert – heute überleben dank der Möglichkeiten der perinatalen Medizin auch Frühgeborene, die eine Generation früher unweigerlich hätten sterben müssen.

Seit Menschen Medizin betreiben, gibt es den Wunsch nach Kontrolle über lebendige Prozesse, und wir sind im Verlauf der letzten beiden Jahrtausende dabei ohne Frage auch ein ziemliches Stück vorangekommen. Problematisch wird es, wenn die Medizin sich der Illusion der kompletten Kontrolle verschreibt. Was die Geschichte nämlich auch zeigt: Das Leben selbst ist im Kern nicht kontrollierbar, es sind höchstens immer nur einige Aspekte lebendiger Prozesse. Die Grenze verschiebt sich, aber es bleibt immer eine Grenze erhalten. Ich halte es schlicht für Größenwahn, wenn Mediziner meinen, es sei nur eine Frage der Zeit und der technischen Entwicklung, bis wir wirklich gottgleich Herren über Leben und Tod sein werden.

Die institutionelle Entsprechung dieses Wahns ist die zunehmende Tendenz, das Gesundheitswesen möglichst komplett zu reglementieren und zu regulieren. Eine Gesundheitsreform folgt seit Jahren auf die nächste – eines haben sie alle gemeinsam: Es wird über bürokratische Vorschriften reglementierend immer tiefer in die Arzt-Patient-Beziehung eingegriffen. Den Prozess, dessen Zeugen wir seit einigen Jahren werden, kann man auch als »Industrialisierung der Medizin« bezeichnen. Dabei wird versucht, die individuelle Beziehung zwischen dem Arzt und seinem Patienten durch ein genormtes Prozedere zu ersetzen. Diese Beziehung ist ihrer Natur nach sehr intim und verletzlich, und sie ist ein wesentlicher Bestandteil des Heilungsprozesses selbst (»die Droge Arzt«, »Die pastorale Funktion des Arztes«, wie Michael Balint das genannt hat).

Mehr Kontrolle führt nicht zu mehr Qualität, sondern eher zu weniger. Man meint, die Bedeutung des einzelnen Arztes für den Kranken durch objektivierende, personenunabhängige Qualitätskriterien vollständig ersetzen zu können – ein tragischer Irrtum. Wir erleben seit einigen Jahren, dass sich immer mehr junge Ärztinnen und Ärzte bald nach Beendigung ihrer Ausbildung von der Krankenbehandlung abwenden und in andere Berufe wechseln oder in andere Länder gehen. Das hat viel zu tun mit den Arbeitsbedingungen und dem Gehalt, aber der gegenwärtig beobachtbare Exodus der Ärzte, insbesondere der jungen Generation, hat seine Ursachen auch im Versuch, einen Bereich zu industrialisieren, der aufgrund der Natur der Arzt-Patient Beziehung nur sehr begrenzt normierbar ist und eine jahrtausendealte Tradition der persönlichen Hinwendung zum Kranken aufweist. Wer den Beruf des Arztes ergreift, tut das seit alters her, weil er oder sie persönlich engagiert sein will für die Kranken, die ihm oder ihr anvertraut werden. Wenn die Botschaft des Systems lautet: »Du bist unwichtig, solange du die qualitätsgesicherten Standardprozeduren korrekt anwendest«, ist das für persönlich engagierte Ärztinnen und Ärzte das Signal, sich anderswo umzusehen.

Lernen und Lehren

Auch die Pädagogik ist ein Feld, in dem seit jeher versucht wird, »das optimale System« schlechthin zu finden, um Lehrstoff bleibend in den Köpfen zu verankern. Wenn man die Geschichte dieser Diskussion verfolgt, stößt man auf bestimmte »Moden«: Ganzheitsmethode versus Erlernen einzelner Buchstaben, Mengenlehre statt konventionellem Rechnen, Gruppenlernen versus traditionellem Frontalunterricht usw. Dabei ist interessant zu beobachten, dass in den staatlichen Schulsystemen eine Tendenz besteht, möglichst viel per Regulierung zu erreichen, also über vermehrte Kontrolle. Überspitzt und plakativ formuliert könnte man sagen: Das Curriculum muss abgearbeitet werden, und das möglichst systematisch nach Schema .... Bei den Pünktchen kann man dann die jeweils gültige pädagogische Mode einsetzen. Auch hier, ähnlich wie in der Medizin, gilt: Es ist überhaupt nichts gegen den Versuch einzuwenden, Lehr- und Lernmethoden zu verbessern und zu versuchen, das Lernen effektiver und einfacher zu machen. Aber eines wird häufig ausgeblendet: Lernen ist ein höchst lebendiges Geschehen und kann nicht über eine Maximierung der Kontrolle optimiert werden. Hierzu ein alltägliches Beispiel:

Praktisch jedes Kind lernt besser oder schlechter, je nachdem, wie seine Beziehung zur Lehrerin oder zum Lehrer ist. Es ist dabei ein gewisser Altersgradient zu beobachten: Älteren Schülern der Oberstufe fällt es bisweilen leichter, sich auf den Inhalt des zu lernenden Stoffes zu konzentrieren, unabhängig von der Person, die diesen Stoff vermittelt. Bei jüngeren Kindern ist es ausschlaggebend, wie die Beziehung zum Lehrer ist, um gut lernen zu können. Diese Tatsache ist eigentlich schon seit der Antike bekannt und drückt sich sehr schön in der Anekdote von Sokrates und dem reichen Kaufmann aus. Der schickte seinen Sohn zu Sokrates, damit dieser ihm möglichst viel von seiner Weisheit vermittle. Der Kaufmann gab seinem Sohn einen reichlich gefüllten Beutel mit Goldstücken mit für den Philosophen. Nach 14 Tagen kam der Junge mitsamt dem Geld zu seinem Vater zurück, weil Sokrates ihn heimgeschickt hatte. Empört stellte der Vater den Lehrer zur Rede und fragte ihn, ob das sehr reichliche Geld etwa zu wenig gewesen sei. Darauf antwortete Sokrates: »Das Geld ist nicht das Problem. Ich kann ihm nichts beibringen, er liebt mich nicht.«

Auch beim Lehren und Lernen spielt ganz offensichtlich der Faktor der Beziehung eine absolut entscheidende Rolle – und damit sind wir wieder an einer Grenze der Kontrollierbarkeit angelangt. Natürlich kann man auch über die Beziehungsgestaltung vonseiten zum Beispiel eines Lehrers zu seinem Schüler Leitlinien aufstellen, die sogar wissenschaftlich begründet werden. Aber Beziehung ist und bleibt ein lebendiger Prozess zwischen Menschen, der sich in letzter Konsequenz der Kontrollierbarkeit entzieht. Es gibt nach wie vor begnadete Lehrerinnen und Lehrer, die es schaffen, im Nu die Mehrzahl der Herzen der ihnen anvertrauten Schülerinnen und Schüler zu gewinnen – und denen fällt es auch leichter, die Köpfe zu erreichen. Normieren – und damit kontrollieren – lässt sich dieser Prozess, genau wie in der Medizin, aber nur bis zu einem bestimmten Grad. Allen Pisa- und ähnlichen Studien zum Trotz bleibt die Persönlichkeit des Lehrers eine ziemlich zentrale Größe bei diesem Thema. Und der Laie ist erstaunt, wie wenig diese Tatsache bei der Diskussion um die besten Lehr- und Lernmethoden eine Rolle zu spielen scheint. Man konzentriert sich lieber auf die verschiedenen Arten der Stoffvermittlung, die unabhängig vom Einzelnen diskutiert werden können. Diese Aspekte kann man gut kontrollieren, indem man vorschreibt, was wer wie und in welcher Zeit zu lernen hat. Das ist das, was im Lehrplan steht und durch die Schulform vorgegeben wird.

Wenn ich an mir vorüberziehen lasse, was ich im Lauf der letzten Jahre von Lehrern aller Schulformen gehört habe, kann ich mich des Eindrucks nicht erwehren, dass auch hier eine merkwürdige, sich selbst verstärkende Spirale am Werk ist: Es wird ein Missstand diagnostiziert (zum Beispiel durch die PISA-Studie: Deutsche Schüler schneiden im internationalen Vergleich zu schlecht ab), darauf wird mit heftigem Aktionismus reagiert, der dann hauptsächlich mit vermehrter Reglementierung und Kontrolle einhergeht. Die direkt Betroffenen erleben das eher selten als hilfreich, sondern öfter als behindernd. Es verhält sich hier ähnlich wie im Gesundheitswesen: Die Bedeutung des einzelnen Lehrers und der einzelnen Lehrerin wird ausgeblendet, mit durchaus unerwünschten Folgen für das Gesamtsystem. Wenn nämlich der Einzelne nicht mehr geschätzt wird und wenn man persönliche Verantwortung durch unpersönliche curriculare Prozedurbeschreibungen ersetzt, wird es in absehbarer Zeit nicht mehr genug Lehrerinnen und Lehrer geben, die sich persönlich (also mit ihrer ganzen Person) ihrer Schüler annehmen – und das wäre fatal.

Arbeitswelt

Im Bereich der Arbeitswelt konkurrieren schon lange zwei grundsätzlich verschiedene Weltsichten miteinander. Man könnte sie die »feudalistische« Variante und die Variante des »humanen Kapitalismus« nennen. Die feudalistische Variante erkennt man an einer gewissen Inflation der Anglizismen, mit denen schlagwortartig beschrieben wird, um was es geht: Lean Management, Process Redesign, Human Engineering, Development of High Potentials – letztlich alles Worthülsen, die verschleiern, dass es um eine Art der herrschaftlichen Unternehmensführung geht, in der der einzelne Mitarbeiter zur beliebigen Verfügungsmasse wird. Dazu passt eine sozialdarwinistische Finanzaristokratie, die sich an kein staatliches oder moralisches Gesetz gebunden fühlt, sondern allein an das der Profitmaximierung. Der menschliche Faktor wird hier möglichst ausgemerzt und durch mathematische Modelle ersetzt – Kontrolle in ihrer reinsten Form wird angestrebt.

Die andere Variante, der humane Kapitalismus, versucht die Interessen der Mitarbeiter eines Unternehmens, der Kunden, der Umwelt und der natürlichen Ressourcen in Einklang zu bringen – so gut es geht. Hier kommen naturgemäß sehr viel mehr »weiche« Faktoren ins Spiel, die nicht so leicht über ein mathematisches Modell zu beschreiben sind: das Betriebsklima einer Firma zum Beispiel als durchaus wesentlicher Produktivitätsfaktor. Die Betriebe und Firmen, denen es gelingt, eine gute Balance zwischen der notwendigen Kontrolle und Regulierung und einer menschlichen Offenheit herzustellen, sind regelmäßig die erfolgreichsten.

In den letzten 30 Jahren ist das Modell des humanen Kapitalismus in vielen Bereichen eher auf dem Rückzug gewesen zugunsten des technokratischen Kontrollmodells – bis zum Beginn der Finanzkrise 2008 galt als hoffnungslos rückständig, wer sich nicht dem vermeintlich weltweit siegreichen Neofeudalismus des Wirtschaftens verschreiben wollte. Ob die Einsicht von Dauer ist, dass auch die Wirtschaft nicht durch rationale Berechnung und mathematische Kontrolle allein erfolgreich sein kann, ist zurzeit noch offen.

Politik

Die Aufgabe von (demokratischer und freiheitlich orientierter) Politik besteht darin, Bedingungen zu schaffen, unter denen möglichst viele Bürger des Gemeinwesens gut leben können. Das geschieht regelhaft in einem Feld höchst unterschiedlicher Interessen. Die Grundfrage jeder Politik ist dabei implizit immer die, wie stark der Staat regulierend auftreten muss und wo er besser auf die Eigeninitiative der Bürger vertraut. Nun gibt es Bereiche, wo auf den ersten Blick deutlich wird, dass es ohne verbindliche Regulierung nicht geht. Wenn zum Beispiel im Straßenverkehr nicht völlig klar wäre, welche Ampelfarben welche Bedeutung haben, hätten wir schnell einen Anstieg der Unfallzahlen. Hier ist eine klare und eindeutige Regulierung vonseiten des Staates, nämlich die Straßenverkehrsordnung, unerlässlich.

Bei Fragen der Kultur ist es umgekehrt: Es besteht weitgehend Konsens darüber, dass hier die Eigeninitiative wichtig ist – künstlerische Kreativität kann man schließlich nicht verordnen. Das wird auch daran deutlich, dass echte künstlerische Innovation oft dort entsteht, wo der Staat weit weg ist. Häufig kommen die spannendsten künstlerischen Neuentwicklungen nicht aus dem staatlich subventionierten Kulturbereich, sondern aus der »Off«-Szene, den kleinen Zimmertheatern und unbekannten Hinterhofateliers. Allerdings wird gerade bei der Kulturpolitik die Diskussion um die Rolle des Staates sehr intensiv geführt, hauptsächlich deshalb, weil es natürlich auch um die Frage geht, wer an welche Fleischtöpfe (sprich Kulturförderungsgelder) kommt.

Es geht also nicht um die Frage: Staat ja oder nein? Ein modernes Gemeinwesen ist ohne staatliche Rahmensetzung nicht vorstellbar. Die Frage lautet immer: Wie viel Regulierung und wie viel Kontrolle sind sinnvoll und förderlich? Wenn man sich die praktische Politik anschaut, hat man den Eindruck, dass diese Frage grundsätzlich mit »immer mehr« beantwortet wird. Es gibt durchaus eine gewisse »Regulierungswut« auf allen Ebenen staatlicher Administration zu beobachten. Dabei spielt natürlich die Ausdifferenzierung komplexer Organisationen eine große Rolle (siehe auch Exkurs »Kafkas Erben«, Seite 125 ff.). Wenn ein Verwaltungsapparat einmal eine kritische Größe überschritten hat, wird es enorm schwierig, Reformen in Richtung Vereinfachung und Verkleinerung vorzunehmen. Es kommt ein sich selbst verstärkender Kreislauf in Gang, und die Organisation neigt dazu, der Illusion der perfekten Kontrolle zu verfallen. Dies geschieht durch die Vorstellung, man müsse immer noch mehr regeln. Wenn dann die Anzahl von Regeln und Vorschriften eine bestimmte Dichte überschreitet, geschieht immerhin etwas Paradoxes: Es kümmert sich niemand mehr um die Vorschrift, und eine pragmatische Parallelwelt entsteht. Dies ist besonders gut zu studieren bei allen Formen diktatorischer, ideologiegeleiteter Systeme. Dort wird offiziell mit großem Aplomb die jeweils gültige ideologische Staatsdoktrin verkündet und in tausend Vorschriften gegossen, während die Bürgerinnen und Bürger sich Wege suchen, die Probleme des Alltags pragmatisch zu lösen. Dann entstehen Schwarzmärkte, inoffizielle Informationsbörsen, pragmatische soziale Netzwerke fernab der offiziellen, regulierten, staatlichen Welt.

Schon im Kleinen kann man den Zusammenhang zwischen Überregulierung und Funktionszusammenbruch eines Systems sehen. Denken Sie einmal an den Begriff des

»Dienstes nach Vorschrift« – das ist eine Form des Streiks! Mit anderen Worten: Wenn wir alle Vorschriften, die es im Bereich der Arbeitswelt gibt, täglich akribisch berücksichtigen würden, käme die wirtschaftliche Aktivität fast zum Erliegen; zumindest würde sie sich enorm verlangsamen. Das ergibt ein schönes Paradoxon: Kontrolle (in Form von Vorschriften) muss kontrolliert werden durch gesunden Menschenverstand (der beteiligten Akteure).

Religion und Weltanschauung

Religion, die Rückbindung (an etwas Größeres als den Menschen) und nicht religiöse Weltanschauung dienen dazu, einen Verständnisrahmen zu liefern, durch den uns die Welt und das Leben sinnvoll erscheinen. Es gibt ein Problem, mit dem alle Weltanschauungen sich dabei herumschlagen müssen: Das tägliche Leben ist voll von Paradoxien.

Es gibt zwei Sorten von Weltanschauungen: Die einen versuchen diese Paradoxien zu ignorieren beziehungsweise eine transnaturale, für uns nicht verständliche Größe einzuführen. Zum Beispiel kann man sagen, dass Gottes Ratschluss unerforschlich sei – damit ist jedes »Ja, aber« vom Tisch. Hierher gehört das alte Problem der Theodizee: Etwa die Frage, wo Gott in Auschwitz gewesen sei, erübrigt sich, wenn man sagt, dass der Wille Gottes »höher als alle Vernunft« ist und alles schon seinen Sinn habe im göttlichen Plan. Oder, wenn man ein säkulares Beispiel nehmen möchte: Während des Stalinismus wurden Millionen von Menschen verfolgt und geopfert. Laut ideologischer Vorgabe durch den Marxismus/Leninismus war es das Ziel des politischen Systems, das Paradies auf Erden zu erreichen, nämlich im Endstadium gesellschaftlicher Entwicklung: den Kommunismus. In diesem Stadium werde das Ende aller Ausbeutung des

Menschen durch den Menschen erreicht sein, und dieses hohe Ziel rechtfertige jedes Opfer.

Die andere Sorte Weltanschauungen versucht nicht, sich um die Paradoxien des Lebens herumzudrücken, ebenso wenig, einen Teil der Wirklichkeit zu ignorieren, um die Welt dadurch passend zu machen für die Weltanschauung. Diese Formen weltanschaulicher Systeme ermöglichen es im Gegenteil, sich mit den Paradoxien aktiv auseinanderzusetzen – selbstverständlich gibt es diese Form der Auseinandersetzung auch innerhalb der Religionen.

Vielleicht kann man diese beiden Sorten Welterklärung auch so einteilen: fundamentalistisch versus nicht fundamentalistisch. Jeder Fundamentalismus – sowohl religiöser als auch säkularer – tut ab einem gewissen Punkt der Wirklichkeit Gewalt an. Dies geschieht zumindest intellektuell, leider sehr häufig auch ganz handfest, nämlich dann, wenn Vertreter der jeweiligen Fundamentalismen Macht in die Hand bekommen. Fundamentalismus geht immer einher mit dem Versuch totaler Kontrolle. Alles wird sinnvoll und verständlich, wenn man die Grundaussagen der jeweiligen fundamentalistischen Anschauung akzeptiert. Wenn wir uns daran erinnern, dass das Gefühl, die Kontrolle zu haben, Angst reduziert, kann man vielleicht ganz gut verstehen, warum weltweit fundamentalistische Anschauungen auf dem Vormarsch sind – sie vermitteln Orientierung, Halt und Sinn in einer zunehmend komplexen und durchaus verwirrenden Welt. Für viele Menschen ist es ungeheuer attraktiv, sich unter den Schirm eines Erklärungssystems zu begeben, das mit letzten Gewissheiten und absoluten Wahrheiten arbeitet. Psychisch kann eine solche widerspruchsfreie, fundamentalistische Weltanschauung sehr stabilisierend wirken, wenn auch der Preis der Realitätsverleugnung, den man dafür zahlen muss, sehr hoch werden kann. (Siehe auch Kapitel »Paradoxien der Kontrolle«, Seite 153 ff.)

Fassen wir zusammen:
- Angst ist ein biologisch verankerter Affekt.
- Dieser Affekt dient dem Organismus zur Orientierung über drohende Gefahren.
- Der Wunsch nach Orientierung und Kontrolle gehört zu den menschlichen Grundbedürfnissen.
- Die Überzeugung, die Kontrolle zu haben, dient der Angstreduktion.
- Viele Teilbereiche der Gesellschaft haben daher einen Hang zu immer größerer Kontrolle entwickelt: die Medizin, die Arbeitswelt, die Politik, der Bereich der Religion und Weltanschauung.
- Kontrolle wird ab einem gewissen Punkt kontraproduktiv und bewirkt das Gegenteil dessen, was sie eigentlich bewirken möchte: Zu viel Kontrolle erstickt lebendige Prozesse.

Exkurs: Alltagsdoping

Mother needs something today to calm her down.
And though she's not really ill
There's a little yellow pill.
She goes running for the shelter of a mother's little helper
And it helps her on her way, gets her through her busy day.
(Originaltext Mick Jagger/ Keith Richards: »Mother's Little Helper«,
The Rolling Stones, 1966)

Mutter braucht heute etwas, das sie beruhigt.
Und obwohl sie nicht wirklich krank ist,
gibt's eine kleine gelbe Pille.
Sie stellt sich schnell unter den Schutz des kleinen Helfers
für Mama,
der ihr hilft, ihren anstrengenden Tag durchzustehen.

Der Song, aus dem dieser Text stammt, wurde geschrieben, nachdem das Medikament Valium entwickelt und auf den Markt gebracht worden war. Dieses Mittel gehört zur Gruppe der angstlösenden Medikamente.

Wir haben uns angewöhnt, beim Wort »Doping« an den Sport, speziell den Leistungssport, zu denken. Mit den Radprofis an der Spitze der Entwicklung kann man heutzutage schon fast regelhaft davon ausgehen, dass bei großen Sportereignissen wie der Tour de France oder den Olympischen Spielen die Sieger nur vorläufige Sieger sind. Da man heute die Dopingproben tiefgefroren aufbewahren kann, kann es passieren, dass noch lange Zeit nach einem Wettkampf ein unerlaubtes Mittel im Blut oder Urin des siegreichen Athleten gefunden wird, das zum Zeitpunkt des Wettbewerbes noch nicht nachgewiesen werden konnte.

Das Thema »Doping im Sport« ist denn auch ein besonders eindrucksvolles Beispiel dafür, wie das Leben erstickt wird, wenn die Kontrolle zum beherrschenden Werkzeug gemacht wird. Da gibt es zum Beispiel Sportler, die versuchen, die natürlichen Grenzen der eigenen körperlichen Leistungsfähigkeit mit immer neuen Tricks zu umgehen; mithin versuchen sie, ihre Leistung 100-prozentig zu steuern. Das ist schon deshalb sehr destruktiv, weil die Nebenwirkungen der eingesetzten Dopingpräparate zum Teil erhebliche Langzeitschäden für den Organismus mit sich bringen. Dem dopenden Sportler steht die Welt-Anti-Doping-Agentur (WADA) gegenüber. Diese hat ihre Kontrollsysteme immer mehr verschärft. Die Athleten müssen einen genauen Plan für jeden Tag des Jahres abgeben, wann sie sich wo aufhalten – ab Januar 2008 kam ein Vorschlag dazu, der besagt, dass die dem WADA-Kontrollsystem unterliegenden Sportler täglich eine Stunde an einem von ihnen angegebenen Ort sein müssen für eine eventuelle Dopingkontrolle. Man stelle sich das praktisch vor – das Kontrollsystem hat ein Ausmaß erreicht, das der Freiheitsberaubung für die Betroffenen nahekommt. Erste Proteste hat es gegeben, dass diese sogenannte Ein-Stunden-Regel in ernsthaftem Konflikt mit den Persönlichkeitsrechten der Sportler stehe. Der Versuch, Kontrolle zu perfektionieren, führt auf beiden Seiten – bei den dopenden Sportlern und den Kontrollmechanismen, die sie am Dopen hindern sollen – zu grotesken Ergebnissen.

Das Thema »Doping im Sport«, das sich immer wieder und immer neu skandalumwittert präsentieren lässt, verstellt den Blick darauf, wie sehr immer mehr Menschen auch im Alltag zu Doping greifen. Betrachten wir zum Beispiel den Körperkult, dem auch im Breitensport gehuldigt wird. Auch im Fitnessstudio um die Ecke hat die Einnahme von muskelbildenden Hormonen längst Einzug gehalten. Die Angaben darüber, wie verbreitet das Phänomen mittlerweile ist, schwanken naturgemäß erheblich – wie immer bei Zahlen, die sich mit grauen oder schwarzen Märkten beschäftigen. Aber nicht nur das: Viele Menschen sind bereit, erhebliche Torturen auf sich zu nehmen, um die sogenannte Idealfigur zu erreichen. Abstruse Diätempfehlungen und chirurgische Eingriffe zur Veränderung der äußerlichen Gestalt gehören längst zum Inventar der Methoden, die eingesetzt werden.

Aber auch die »seelische Optimierung« feiert Triumphe. So wurde in den USA ein Antidepressivum zur Lifestyledroge, weil es angeblich auch bei Gesunden die Stimmung chemisch heben kann: gute Laune per Pille. Umgekehrt finden sogenannte Anxiolytika, also angstlösende Medikamente, einen guten Absatz bei allen Formen von Lebensproblemen – auch hier finden wir die Idee, dass man nur ein bisschen Chemie braucht, um keine Angst mehr spüren zu müssen. Das ist Alltagsdoping, und das Phänomen weitet sich aus, je mehr Substanzen auf den Markt kommen, die es erlauben, organismische Grenzen chemisch zu verschieben. Der Siegeszug von Potenzmitteln, die versprechen, die männliche sexuelle Leistungsfähigkeit bis ins hohe Alter auf dem Niveau eines jungen Mannes zu halten, ist ein weiteres Beispiel für diese Entwicklung.

Dem Alltagsdoping liegt die Vorstellung zugrunde, der Körper und die Seele seien »Mechanismen«, die nur optimal eingestellt werden müssen, damit sie immer bessere Leistung, höheren Genuss usw. bringen können. Das ist ein Bild vom Organismus, das im Grunde das Bild einer trivialen Maschine ist – der Körper als Rennwagen, die Seele als perfekt arbeitender Computer. Triviale Maschinen sind dadurch gekennzeichnet, dass auf einen bestimmten, definierten Input ein genau berechenbarer Effekt erfolgt – deshalb »trivial«, weil wir es mit berechenbaren Effekten zu tun haben, die es erlauben, die Maschine punktgenau zu steuern. Unsere gesamte Technologie funktioniert so.

Ein Organismus ist aber eben keine triviale Maschine. Hier gelten organismische Gesetze, die sich vor allem dadurch auszeichnen, dass sie viel komplexer sind als ein triviales Input-Output-Modell. Organismen sind dadurch erheblich flexibler als triviale Maschinen, aber auch komplizierter und in gewisser Weise unberechenbarer. Ein konkretes Beispiel: Ängste und Sorgen, die jemand empfindet, haben einen Signalcharakter. Wenn die Person diesen Signalen nachgeht, erfährt sie etwas über sich selbst und die Umwelt, in der sie lebt, und kann die Signale dafür nutzen, das Problem, das die Ängste und Sorgen auslöst, zu erkennen – die Voraussetzung dafür, um ein Problem lösen zu können. Das ist ein komplexer organismischer Prozess. Nimmt die ängstliche Person jetzt einen Tranquilizer (wörtlich »Beruhiger«) ein, wird das Signal auf einfachem chemischem Weg zum Verschwinden gebracht. Das mag für die momentane Befindlichkeit enorm entlastend sein. Gleichzeitig verschwindet aber der gesamte Reichtum, der in der organismischen Reaktion enthalten ist: Die Möglichkeit, dem Signal differenziert nachzugehen, also auf den Organismus zu hören und adäquat zu reagieren, ist weg. Wenn man ein Bild benutzen will: Es ist, als würde jemand die Benzinuhr im Auto mit einem Tuch abdecken, sobald sie anzeigt, dass der Tank bald leer ist. Statt auf diese Anzeige adäquat zu reagieren und zur Tankstelle zu fahren, wird das beunruhigende Signal entfernt. Beim Beispiel der Benzinuhr wird sofort deutlich, wie absurd ein solches Vorgehen ist.

»Symptom« heißt wörtlich »Begleiterscheinung« – es handelt sich beim Symptom um ein Zeichen, das auf eine Störung hinweist. Wenn ich das Symptom beseitige, ohne danach zu fragen, worauf es denn hinweist, verhalte ich mich wie der Autofahrer mit der Tankanzeige, die er nicht wahrnehmen will. Alltagsdoping tut nun genau das: Es werden die Zeichen verschleiert, nicht wahrgenommen oder verleugnet. Ich will gerne zugeben, dass es bis zu einem gewissen Grad sinnvoll und funktionell sein kann, ein Symptom zu beseitigen: Manchmal ist eine Kopfschmerztablette das richtige Mittel, um kurzfristig schmerzfrei zu werden, auch ohne tiefere Erforschung der Hintergründe des Kopfschmerzes. Wenn die Dopingmentalität aber zur Grundhaltung wird, wird es problematisch. Lebendige Organismen vertragen es auf Dauer nicht, wenn man sie mit Maschinen verwechselt.

Interessanterweise ist die Grundidee der perfekten Kontrolle auch im Bereich der diversen Spielarten der alternativen Heilkunde häufig sehr ausgeprägt anzutreffen. Dort, wo man sich erklärtermaßen (und in der Regel durchaus offensiv) von der Idee verabschiedet hat, bestimmte heilkundliche Vorgehensweisen wissenschaftlich überprüfen zu wollen, blüht diese Idee besonders bunt. Es werden Heilsversprechungen folgenden Musters gemacht: »Wenn du diese Ernährungsweise, Meditationsmethode, Psychotechnik etc. nur richtig und konsequent anwendest, wirst du für immer schlank, erleuchtet, glücklich, problemfrei usw. sein.« Die wissenschaftliche Skepsis wäre in diesen Fällen ja gerade ein Instrument, die Illusion zu zerstören, dass der Organismus quasi auf Knopfdruck funktioniert – aber diese Skepsis gilt den Gläubigen der jeweiligen Methode wohl als Hochverrat an ihren Ideen. Es ist beeindruckend, dass sich zwei Lager, die sich vorgeblich bekämpfen – das der wissenschaftlichen Medizin und das der alternativen Medizin, in diesem Punkt so verblüffend gleich sind. Wenn man den entsprechenden Diskussionen lauscht, fühlt man sich auch eher an ein Gespräch zwischen religiösen Dogmatikern erinnert als an einen rationalen Austausch von Argumenten – und die Glaubensinbrunst ist durchaus auf beiden Seiten gleich intensiv.

Da war man im klassischen Griechenland schon einmal weiter – durch das Bewusstsein des Tragischen. Dieses Bewusstsein beinhaltet das Wissen darum, dass Dinge auch schiefgehen können, obwohl alles Menschenmögliche getan worden ist. In den großen Tragödien bemühen sich die Protagonisten immer, ihrem Schicksal zu entgehen, das ihnen zum Beispiel durch das Orakel von Delphi geweissagt worden ist – sie bemühen sich also durchaus um Kontrolle; trotzdem scheitern sie (siehe auch Exkurs »Archetypen der Kontrolle«, Seite 100 ff.). Wenn dieses tiefe Wissen um die tragische Seite des Lebens in einer Kultur verloren geht, läuft sie Gefahr, einer Kontrollillusion zu erliegen. Mit welchen Mitteln sie diese Kontrolle erreichen will, ist dann gar nicht mehr so wichtig; es gibt sozusagen einen Grunddenkfehler im System. Daher kommt die Ähnlichkeit zwischen den Vertretern der gegensätzlichen Glaubenssysteme in der Medizin: Beide glauben an die Möglichkeit und den Sieg der vollständigen Kontrolle.

Die »sicherste aller möglichen Welten« und die »German Angst«

Man kann immer wieder in Artikeln und Essays lesen, dass wir heute in Deutschland, gemessen am Standard der letzten Jahrhunderte, in der »sichersten aller möglichen Welten« leben. In der Tat: Vieles ist sicherer geworden, als es für unsere Vorfahren auch nur denkbar gewesen wäre. Das fängt bei ganz basalen Alltagsdingen an: Es gibt ganzjährig genügend Nahrungsmittel und wir müssen im Winter nicht mehr frieren, weil die Energieversorgung im Großen und Ganzen funktioniert. Schwere Epidemien, die ganze Landstriche entvölkern, kommen in den entwickelten Industrieländern nicht mehr vor. Es gibt eine Sozial- und Krankenversicherung, und im Rechtsstaat können alle Bürger ein Gericht anrufen, wenn sie meinen, es geschehe ihnen Unrecht, und diese Meinung von unabhängigen Gerichten überprüfen lassen.

Macht ist nicht mehr absolut, sondern wird nur noch auf Zeit verliehen und unterliegt demokratischer Kontrolle. Einen Krieg im eigenen Land kennen die meisten heute lebenden Deutschen nicht mehr aus eigener Erfahrung. Das war für jemanden, der in der ersten Hälfte des letzten Jahrhunderts gelebt hat, noch deutlich anders durch die Erfahrung der zwei verheerenden Weltkriege. Und doch – wenn man das Wort von der »Sichersten aller Welten« liest, beschleicht einen ein gewisses Unbehagen: Gilt das eigentlich für alle oder nur für eine (immer kleiner werdende) bürgerliche Mittelschicht? Wie sicher können wir heute wirklich leben? Was ist mit modernen Epidemien, die eher im Stillen und unspektakulärer verlaufen (wie etwa Aids)? Wie groß ist die Bedrohung durch den internationalen Terrorismus? Was ist mit der Klimakatastrophe?

Die »German Angst« ist ja mittlerweile sprichwörtlich – sie gehört im Ausland zu den Klischees vom Deutschen. Dieses Klischee besagt, dass die Deutschen besonders dazu neigen, sehr ängstlich zu sein, aus jedem Problemchen eine Katastrophe zu machen und alles im Leben immer »bombensicher« haben zu wollen. Die andere Seite derselben Medaille ist die, dass deutsche Ingenieurskunst auf der Welt nach wie vor den besten Ruf genießt – nämlich den, technische Produkte von außergewöhnlich guter Qualität und Haltbarkeit hervorzubringen, egal ob es sich um Autos, Werkzeugmaschinen, Strassen oder Häuser handelt.

Wie bei jedem Klischee ist auch dieses nicht nur aus der Luft gegriffen, sondern es gibt Anknüpfungspunkte in der wahrnehmbaren äußeren Wirklichkeit. Die »deutsche Wertarbeit« wird nach wie vor geschätzt, weil sie tatsächlich gut ist – interessanterweise wird das im Ausland deutlich mehr wahrgenommen als in Deutschland selbst. Hier gibt es eine gewisse Lust am Selbstzweifel und in der Tat auch eine Bereitschaft zur Ängstlichkeit, die in dieser Form anderswo weniger zu beobachten ist. Aber woher kommt bloß diese Angst?

Sprache, Denken und Angst

Am Beispiel des Wortes »Klimakatastrophe« kann man deutlich sehen, wie wichtig allein schon die Ausdrucksweise ist, die man wählt, um ein Problem zu beschreiben. Es macht für unsere Wahrnehmung einen deutlichen Unterschied, ob wir vom »Klimawandel« und den damit verbundenen Problemen und Herausforderungen sprechen oder ob es sich schon verbal von vornherein um eine »Katastrophe« handelt. Es gibt eine durchgehende Tendenz in den Massenmedien, diese »verbalen Verstärker« in der Berichterstattung einzusetzen, zum Beispiel, wenn von »Kältechaos« geschrieben wird, um einen strengen Wintereinbruch zu vermelden.

Die menschliche Wahrnehmung ist so strukturiert, dass sie die Fakten, die eine vorgefasste Meinung stützen, deutlicher wahrnimmt und stärker bewertet als die Fakten, die diese Meinung infrage stellen. Das bekannte Bonmot vom Unterschied zwischen einem Optimisten und einem Pessimisten bringt das auf den Punkt: Der Optimist sagt zu einem zur Hälfte gefüllten Glas, es sei »halb voll«, der Pessimist sagt, es sei »halb leer«. Faktisch haben beide recht, man kann es so oder so sehen – aber psychologisch macht es einen gewaltigen Unterschied, ob ich das Glas aus dem Blickwinkel dessen betrachte, der das leere Glas schon vor Augen hat oder eben nicht. Wenn sich die Ängstlichkeit zu einer krankhaften Angststörung verdichtet, gibt es zur Beschreibung von Denkmustern, die zur Aufrechterhaltung der Angststörung beitragen, einen eigenen Begriff: das »katastrophisierende Denken«. Menschen, die diesen Denkstil verwenden, neigen dazu, mögliche Entwicklungen eines Zusammenhangs grundsätzlich in die Richtung des schlechtesten Falles vorzufantasieren. Hierzu ein Beispiel:

Eine junge Frau, Anfang 30, hatte nach ausgiebigen Lehr- und Wanderjahren ihr Abitur in England gemacht und sich schließlich in Deutschland zur Physiotherapeutin ausbilden lassen. Sie spricht fließend englisch, verfügt über eine gewinnende persönliche Ausstrahlung und hat ihren Berufsabschluss mit guten Noten gemacht. Ihr Ziel ist es, sich selbstständig zu machen – sie hat ein originelles Geschäftsmodell zur Niederlassung in der Hauptstadt entwickelt, das gute Marktchancen hat und ihren spezifischen Begabungen und Erfahrungen Rechnung trägt.

Schon in der Planungsphase dachte sie häufig: »Das werde ich nicht schaffen!« – ihre Gedanken gingen eher selten in eine positive, zuversichtliche Richtung. Schließlich bekam sie multiple Körperbeschwerden, vor allem wenn sie konkrete Schritte in die Richtung der Verwirklichung ihrer Ideen unternehmen sollte. Den Beschwerden lagen keine pathologischen körperlichen Befunde zugrunde, wie das bei psychosomatischen Beschwerden häufig der Fall ist. Aufgrund der Beschwerden und der damit verbundenen ausufernden medizinischen Diagnostik kam die junge Frau ein ums andere Mal nicht dazu, ihre Pläne zu verwirklichen. Jedes Mal, wenn sie etwas in Richtung auf ihre eigene Firma anpacken wollte, bekam sie so starke Beschwerden, dass es nicht weiterging. Hier wurde ein Teufelskreis wirksam, der ihr gar nicht bewusst, der dafür aber sehr wirksam war: Die angstvollen Gedanken verstärken die Körperbeschwerden, die Wahrnehmung dieser Körperbeschwerden verstärkt wiederum die angstvollen Gedanken usw. Diese Erfahrung verfestigte ihr kognitives Muster: »Ich kann es halt nicht.« Die begabte junge Frau war in einer üblen Spirale verfangen, die bei jeder Umdrehung das Problem verfestigte, statt es zu lösen.

Dieser Fall illustriert eindrucksvoll, dass man die Katastrophe buchstäblich »herbeidenken« kann. Robert K. Merton, ein amerikanischer Soziologe, hat diese Beobachtung 1948 unter dem Begriff der »selbsterfüllenden Prophezeiung« in den wissenschaftlichen Diskurs eingeführt. Durch die Struktur unserer Wahrnehmung und unseres Denkens ist es tatsächlich so, dass nicht alle wahrnehmbaren Fakten gleich gewichtet werden, sondern es gibt schon auf der Stufe der Wahrnehmung eine Auswahl: Wenn wir etwas Schlechtes erwarten, nehmen wir alle Signale, die diese Erwartung bestätigen, verstärkt wahr (»selektive Wahrnehmung«) – und schon verhalten wir uns anders als bei einer positiven Erwartung. Wir sind dann zum Beispiel zögerlicher oder vorsichtiger. Dieses unser Verhalten löst wiederum passende Reaktionen der Umwelt aus – zum Beispiel ebenfalls zögerliche –, die dann ihrerseits wieder verstärkt selektiv wahrgenommen werden und die Erwartung noch mehr bestätigen: Der Kreislauf ist geschlossen und sich selbst verstärkend.

Dieser Mechanismus spielt auch eine zentrale Rolle bei der Tatsache, dass erfolgreiche Menschen häufiger Erfolg haben, wenn sie etwas Neues anpacken, als Menschen, die viele Misserfolge hinter sich haben. Die sogenannten Erfolgsverwöhnten gehen so zuversichtlich an das neue Projekt heran, dass sich Partnern, Kunden und anderen Beteiligten dies mitteilt. Die jeweiligen Partner reagieren auf die positive Ausstrahlung und verhalten sich entsprechend zuvorkommend. Das wiederum verstärkt die Zuversicht beim anderen, und eine positive Verstärkerspirale kommt in Gang. Umgekehrt löst der Pechvogel, der miesepetrig daherkommt, eher Misstrauen aus – oder mobilisiert zumindest keine Freude beim jeweiligen Kommunikationspartner. Dieser verhält sich reserviert – was die negativen Befürchtungen des Pechvogels zu bestätigen scheint: Die negative Verstärkerspirale beginnt sich zu drehen.

Dass diese Zusammenhänge bereits mit der Wahrnehmung zu tun haben, hat Richard Wiseman, ein Psychologe von der Universität Hertfordshire, in einem Experiment gezeigt: Er inserierte in einer Zeitung, dass er Leute suche, die sich selbst als »Glückspilze« beziehungsweise »Pechvögel« bezeichnen würden. Auf dem Weg zu dem Büro, in dem sie sich melden sollten, lagen einige Geldscheine auf dem Fußboden verstreut. Die »Pechvögel« fanden diese nicht, die »Glückspilze« dagegen schon. Ganz offensichtlich geht man buchstäblich mit einer anderen Wahrnehmung durch die Welt, je nachdem, ob man sich zur einen oder zur anderen Gruppe zählt. Dabei ist entscheidend, dass diese Mechanismen praktisch immer implizit, das heißt unbewusst, ablaufen – wir sind uns der durch die Art unserer Erwartungen hervorgerufenen Verzerrung unserer Wahrnehmung und unseres Verhaltens überhaupt nicht bewusst.

In der Psychotherapie spielt die Kenntnis um diese Zusammenhänge eine wichtige Rolle. Es lohnt sich sehr, großen Wert auf die Analyse der Wahrnehmungs- und Denkstruktur eines Ratsuchenden zu legen. In der kognitiven Verhaltenstherapie ist das sogar der wesentliche Punkt, an dem gearbeitet wird. Die junge Frau in unserem Beispiel müsste sich im ersten Schritt gewahr werden, dass sie tatsächlich häufig einseitige – negative – Gedanken hat, die dann über den Mechanismus der selbsterfüllenden Prophezeiung sehr real beginnen, in ihr Leben einzugreifen. Die nächste Frage wäre dann, ob sie – mit der gleichen Wahrscheinlichkeit des Eintretens! – auch positive Gedanken über den Ausgang ihres Planes hegen könnte. Es geht dabei nicht um ein simples »Denk positiv!«. Entscheidend ist, dass man deutlich machen kann, dass eine vorfantasierte positive Entwicklung genauso plausibel oder nicht plausibel sein kann wie eine negative.

Die Bedeutung der geschichtlichen Erfahrung und des Grenznutzens

Beim Thema der »German Angst« scheinen mir zwei weitere Aspekte eine wichtige Rolle zu spielen: Zum einen geht es um das historische Bewusstsein einer Gemeinschaft von Menschen, zum anderen um die Erfahrung des »Grenznutzens«.

Zunächst zur Geschichte: Auch wenn viele der heute in unserem Land Lebenden persönlich von der Erfahrung eines Krieges verschont geblieben sind, gibt es doch so etwas wie ein »kollektives Gedächtnis«. Das ist kein geheimnisvolles Etwas, sondern wird sehr real über die Erzählungen der Eltern und Großeltern sowie über die Gedenktage und Mythen eines Volkes aufrechterhalten. In der heutigen Zeit wird historisches Bewusstsein nicht mehr häufig über die Geschichten vermittelt, die die Großmutter abends beim Spinnen am häuslichen Herd erzählt. Heute spielen natürlich die Massenmedien, insbesondere das Fernsehen, eine herausragende Rolle. Und in diesen ist die Vergangenheit in hoch dramatischer Form sehr gegenwärtig: Wenn man sich zum Beispiel all die Fernsehfilme und Dokumentationen vor Augen hält, die in den letzten Jahren gesendet worden sind, kann man deutlich sehen, wie das kollektive Gedächtnis heutzutage gut gefüttert wird: der Untergang der »Lusitania« im Ersten Weltkrieg, das Schicksal des Flüchtlingsschiffes »Wilhelm Gustloff« im Zweiten Weltkrieg, die Geschichte des Widerstands gegen die Nazis, die Geschwister Scholl und die Weiße Rose, Hitlers Ende im Bunker, die Berliner Luftbrücke, der Fall der Mauer usw. Die kollektive Erinnerung wird, wenn auch häufig mit trivialen Mitteln, sehr intensiv gefördert. Durch die Bebilderung und Dramatisierung entsteht dann zwar kein kritisches historisches Bewusstsein im Sinn der wissenschaftlichen Geschichtsforschung – aber das ist bei der Erzählung der Großmutter auch nie so gewesen.

Die geschichtliche Erinnerung trägt dazu bei, gegenwärtig zu behalten, dass unser Wohlstand durchaus fragil ist, auch wenn die eigene Lebensspanne vielleicht vor größeren Katastrophen bewahrt geblieben ist. Es gibt viele Beispiele dafür, wie stark historische Bezugspunkte über Jahrhunderte hinweg das Bewusstsein zum Beispiel einer Volksgruppe oder einer Glaubensgemeinschaft prägen können. Denken Sie etwa an die Geschichte der Serben, deren Erinnerung an die »Schlacht auf dem Amselfeld« (die fand 1389 statt!) bis heute eine große Rolle im Kosovo-Konflikt spielt; oder an die Geschichte der Juden, die über Jahrtausende hinweg sehr wesentlich vom historischen Bewusstsein der Mitglieder dieser Glaubensgemeinschaft mitgeprägt wurde und wird. Von der ägyptischen Gefangenschaft, von der die Genesis berichtet, über die Zerstörung des Tempels von Jerusalem und der Verschleppung des jüdischen Volkes ins babylonische Exil in der Antike bis zur Erfahrung des Holocaust in der Neuzeit ist die existenzielle Bedrohung in das kollektive Erinnern eingebrannt. Nur die starke religiöse Identifikation und das Bewusstsein, das »Volk Gottes« zu sein, haben es dieser Gemeinschaft ermöglicht, über einen sehr langen Zeitraum und einen großen geografischen Bereich hinweg eine eigene Identität und innere Stärke zu bewahren.

Jetzt zum zweiten Aspekt der deutschen Angst: die Erfahrung des »Grenznutzens«.

Dieser Begriff kommt ursprünglich aus den Wirtschaftswissenschaften und bezeichnet den *zusätzlichen* Nutzen, den ein Mensch oder eine Volkswirtschaft aus einem »Mehr« eines bestimmten Gutes zieht. Ein konkretes Beispiel: Der Grenznutzen von Trinkwasser ist für einen Menschen, der in der Wüste lebt, sehr hoch – ganz einfach, weil es dort in der Regel kein Trinkwasser gibt. Jemand, der in Deutschland lebt, wo aus jedem Wasserhahn Wasser von trinkbarer Qualität herausfließt, hat einen deutlich niedrigeren Grenznutzen von mehr Wasser.

Wenn man die Fragen nach Wohlstand und Sicherheit einmal unter diesem Aspekt beleuchtet, bedeutet das, dass jemand, der auf einem verhältnismäßig hohen Wohlstands- und Sicherheitsniveau lebt, dieses gar nicht mehr ohne Weiteres steigern kann. Der Grenznutzen von »noch mehr« ist beschränkt. Wenn ich wirklich satt gegessen bin, löst die größte Delikatesse vor meinen Augen kein unmittelbares Begehren mehr aus. Dieser Zusammenhang spiegelt sich auch in der Statistik. In unseren Zeitungen wird immer wieder bewundernd bis beschwörend darauf hingewiesen, dass Länder wie etwa China, Indien oder Vietnam sehr hohe jährliche wirtschaftliche Wachstumsraten aufweisen, während wir schon glücklich sind, wenn die Wirtschaft überhaupt wächst. Natürlich hat es ein Schwellenland, das gerade begonnen hat, sich zu entwickeln, viel leichter, sehr schnell sehr große Wachstumsspannen zu erreichen – das sagt aber noch gar nichts über den tatsächlichen Wohlstand der Mehrheit der Bürger dieses Landes aus. Wenn aber das meiste schon da ist, was für ein hohes Wohlstandsniveau gebraucht wird, ist weiteres Wachstum gar nicht mehr so einfach zu erreichen. Es ist nämlich nicht so leicht, Kühlschränke zu verkaufen, wenn jeder schon einen Kühlschrank hat. Bezogen auf den Grenznutzen heißt das: In einer Weltgegend, wo zum Beispiel der Zugang zu sauberem Trinkwasser einen Riesenfortschritt darstellt, wird ein Mensch, der dort lebt, einen hohen Wohlstandszuwachs durch sauberes Wasser wahrnehmen. Das wiederum wird auch sein Gefühl von Sicherheit und Kontrolle deutlich erhöhen – weil in diesem Beispiel etwa nicht mehr so häufig mit Krankheiten zu rechnen sein wird, die durch unsauberes Wasser entstehen, das krank machende Keime enthält.

Das erklärt auch, warum in der internationalen Glücksforschung sehr oft Länder weit vorn liegen, die objektiv gesehen zu den ärmsten der Welt gehören, wie etwa Bangladesch. Die Glücksforscher fragen dabei nach dem subjektiven Glücksempfinden auf einer Skala von 0 = ganz unglücklich bis 10 = ganz glücklich. Dabei kommt nun der geschilderte Zusammenhang zwischen neuen Errungenschaften und Grenznutzen zum Tragen: In einem Entwicklungsland bedeutet die Einführung basaler Notwendigkeiten der Infrastruktur einen Riesenfortschritt, der für den Einzelnen auch deutlich wahrnehmbar ist.

Auch im Deutschland der Nachkriegsjahre war klar, dass jeder Schritt aus den Ruinen in Richtung geordneter Verhältnisse subjektiv bedeutungsvoller wahrgenommen worden ist, als wenn heute darüber nachgedacht wird, ob vielleicht ein dritter Fernseher in die Wohnung kommen sollte. Satter als satt geht nicht, und zur Steigerung des subjektiven Glücksempfindens trägt jedes »noch Mehr« nicht mehr sehr viel bei. Diese Gesetzmäßigkeit des Grenznutzens trifft auf alle Bereiche zu: Auch eine gute Show kann ich nur noch bedingt wirklich besser machen; im Extremfall ist der Zuschauer sogar gelangweilt bis angeekelt, wenn immer bombastischere Inszenierungen das Glücksgefühl des Zuschauers noch weiter steigern sollen. Auch Raffinesse ist irgendwann ausgereizt, und ein »noch Mehr« bringt keinen zusätzlichen Nutzen.

Umgekehrt gilt auch für die Angstbereitschaft: Wenn ich mich immer im Durchschnitt meines Lebensvollzugs wohl- und sicher fühle, lösen viel kleinere Irritationen Angst aus, als wenn ich gewohnt bin, dass täglich eine mittlere Katastrophe stattfindet. Auch hier spielt ein psychologischer Mechanismus eine Rolle, dessen Herausbildung in der Evolution offensichtlich sehr sinnvoll gewesen ist: die Fähigkeit unseres Organismus, sich an gegebene Umfeldbedingungen gut anzupassen. Das ist zum einen bei körperlichen Anpassungsprozessen so: Deshalb können Angehörige derselben Spezies Homo sapiens sowohl im ewigen Eis der Arktis leben wie die Inuit als auch in der Wüste wie die Beduinen oder im Dschungel wie die indianischen Völker des Amazonasgebiets.

Aber auch psychisch adaptieren wir uns in der Regel sehr gut und relativ schnell an gegebene Verhältnisse. Wenn wir an ein hohes Wohlstands- und Sicherheitsniveau gewöhnt sind, erleben wir es möglicherweise schon als bedrohlich, wenn in der Straßenbahn zwei Leute lautstark streiten. Menschen, die an einem Ort leben, wo Krieg zum Alltag gehört, würde die gleiche Szene kalt lassen, weil die beiden Streithähne sich ja »nur« gegenseitig anbrüllen, statt aufeinander zu schießen.

Für Kinder zum Beispiel ist alles das selbstverständlich und normal, was sie in der Umgebung, in die sie hineingeboren werden, vorfinden. Wenn man sie fragt, wie etwas gewesen sei, zum Beispiel der Tag im Kindergarten, antworten sie auch: »Normal!«, wenn sie meinen: »So wie immer halt«. Erst wenn sie Menschen anderer Kulturen oder Subkulturen kennenlernen, wird die Relativität der eigenen Selbstverständlichkeiten erfahrbar – mit zum Teil dramatischen Konsequenzen für das eigene Selbstbild, das Weltbild und den Zusammenhalt der Familie.

Das spielt zum Beispiel bei der sogenannten Integrationsdebatte eine zentrale Rolle: Einwanderer, die aus Gesellschaften mit sehr traditionellen Rollenbildern und Familienmodellen stammen, werden in den westlichen Industrieländern mit vergleichsweise ausgesprochen liberalen Gesellschafts- und Geschlechtsrollenmodellen konfrontiert. Das kann zu massiven Identitätserschütterungen führen. Diese spielen sich dann häufig entlang einer Generationslinie ab: Die Jungen tun sich leichter, sich an die Kultur des Gastlandes anzupassen als die Alten. Es ist eine psychologisch durchaus verständliche Reaktion von Einwanderereltern, dass sie versuchen, die eigene Identität zu wahren und an die eigenen Kinder weiterzugeben. Das kann zu schweren intrapsychischen Konflikten bei den Beteiligten, aber auch zu Konflikten zwischen den Generationen führen, die bis zu Mord und Totschlag gehen: Die sogenannten Ehrenmorde an weiblichen Familienmitgliedern im Milieu traditionsorientierter Einwanderer zeigen dies. In diesen Extremfällen scheint der Mord an der Tochter oder Schwester weniger schwer zu wiegen als die wahrgenommene Verletzung der kulturellen Identität durch das Familienmitglied – eine für das aufgeklärte abendländische Wertesystem vollkommen absurde Vorstellung.

Anpassung versus Verharren

Der Fähigkeit, sich anzupassen an unterschiedliche Umgebungsbedingungen, steht also offensichtlich ein anderer starker Einfluss gegenüber, der im Gefüge der innerseelischen Kräfte eine Rolle spielt: das Beharrungsvermögen und der Unwille, sich auf Veränderungen einzustellen. Der Wunsch, dass alles so bleiben möge, wie man es kennt, ist in allen Kulturen und in allen Altersstufen anzutreffen. Dabei hegen ältere Menschen im statistischen Mittel diesen Wunsch in der Regel intensiver als jüngere. Bei jungen Leuten ist das Explorationsverhalten noch deutlich ausgeprägter: Die Neugier auf die Welt ist naturgemäß ein hervorstechendes Merkmal der jüngeren Lebensjahre. Das könnte erklären, warum Gesellschaften, die an Überalterung leiden, insgesamt weniger risikofreudig bei der Entwicklung neuer Perspektiven sind als Gesellschaften, die einen hohen Bevölkerungsanteil junger Leute aufweisen. Genau das ist in Krisenzeiten, wo es besonders auf die Entwicklung genuin neuer Perspektiven ankäme, ziemlich hinderlich.

Shunryu Suzuki, ein japanischer Zen-Meister, drückt das in seinen »Unterweisungen in Zen-Meditation« so aus: »Des Anfängers Geist hat viele Möglichkeiten, der des Experten hat nur wenige.« Er plädiert dafür, zu üben, sich den »Geist des Anfängers« zu erhalten. Eine zweifellos gute Idee, um nicht der Erstarrung anheimzufallen, die im »Beharrenwollen« liegt. Diesen scheinbar so simplen Rat in die Praxis umzusetzen, ist schon schwieriger, wie alle wissen, die sich schon einmal in der meditativen Zen-Übung versucht haben. Der Geist neigt dazu, das zu suchen, zu denken und zu wiederholen, was er schon kennt. Wir handeln aus Erfahrung. Das ist dann hilfreich, wenn die Welt, in der wir unsere Erfahrungen gemacht haben, sich nicht zu schnell und zu radikal wandelt – ist das der Fall, nützt Erfahrung leider wenig. Dann können wir nämlich oft Entwicklungen, die im Nachhinein als geradezu zwingend erscheinen, nicht vorausfantasieren. Ein schönes Beispiel für diesen Umstand ist das völlige Versagen der meisten wirtschaftlichen Prognostiker angesichts der internationalen Finanzmarktkrise ab Herbst 2008: Praktisch alle wirtschaftswissenschaftlichen Institute, die sich mit Konjunkturprognosen beschäftigen, lagen damals gewaltig daneben – und das noch, kurz bevor der Crash begann. Unser Wohlbefinden hängt sowieso nur sehr zum Teil vom Wohlstand ab. Wenn die physischen Grundbedürfnisse befriedigt sind, spielen psychische Faktoren eine sehr große Rolle – der amerikanische Psychologe Abraham Maslow hat das schon im Jahr 1943 in seiner »Bedürfnispyramide« dargestellt. Nach seinem Modell gibt es eine Hierarchie der Bedürfnisse: Ganz unten stehen die körperlichen Bedürfnisse, die zuerst befriedigt werden wollen. Dann kommen Sicherheit, dann soziale Beziehungen und soziale Anerkennung und ganz zum Schluss die Selbstverwirklichung. Es ist seither in der Wissenschaft viel darüber diskutiert worden, ob diese Reihenfolge genau so stimmt oder anders sortiert werden müsste; die Grundaussage stimmt sicherlich. Das bedeutet für unser Thema: Die Gleichung »Wohlstand hoch = Wohlbefinden hoch« stimmt überhaupt nicht, gehört aber zu den unausrottbaren Mythen der Gegenwart. Angst ist dem Wohlbefinden sehr abträglich, auch wenn das Wohlstandsniveau vergleichsweise hoch ist.

Als eine Quelle dieser Angst können wir sicherlich das Tempo und das Ausmaß an Veränderung der Lebensverhältnisse identifizieren, denen heute lebende Menschen ausgesetzt sind. Natürlich ist es trivial, wenn man sagt: »Leben heißt Veränderung«, »Das einzig Gleichbleibende ist der Wandel« und was der einschlägigen Sprüche mehr sind. Die Frage ist, wann die seelische Anpassungsfähigkeit des Einzelnen überstrapaziert wird. Hier gibt es einige Anhaltspunkte dafür, dass genau dies zurzeit durchaus in größerem Umfang geschieht. Ich will zunächst einige Symptome dieser Überforderung der Einzelnen nennen:

Die Krankentage (Krankmeldungen beim Arbeitgeber) aufgrund psychischer Erkrankungen haben sich in den letzten 30 Jahren mehr als verdoppelt (BKK Faktenspiegel Oktober 2008). Die Diagnosen »Depression« und »Angststörung« sind dabei die am häufigsten gestellten.

Mir fällt in meiner Behandlungspraxis als Psychotherapeut auf, dass immer mehr Menschen Hilfe suchen, weil sie unter einem Burn-out leiden. Sie strengen sich in ihrem Beruf (und in aller Regel auch in ihrem Privatleben) ungeheuer an, »spitze« zu sein – und geraten darüber in einen Zustand tiefer emotionaler Erschöpfung. Das Burn-out-Bild entspricht bei voller Ausprägung dem Zustand einer schweren depressiven Erkrankung. Wenn man sich die Krankheitsvorgeschichten anhört, sticht der Aspekt der emotionalen Überforderung sehr stark ins Auge – eine Überforderung, die sich die Betroffenen in der Regel selbst nicht eingestehen wollen, weil sie ein Selbstbild aufgebaut haben, in dem so etwas wie »überfordert sein« schlicht nicht vorkommt. Dabei greifen die Anforderungen von außen (durch den Beruf und durch eine Vielzahl an Rollenerwartungen im Privatleben) wie ein Zahnrad in die Anforderungen von innen. Hier finden wir in der Regel eine Mischung aus sehr hoch gehängtem Ich-Ideal (das Idealbild, das ich mir von mir selbst mache und das ich erreichen will), Perfektionismus, viel Scham bei der Vorstellung, den Ansprüchen nicht zu genügen und – viel Angst vor einem imaginierten »Absturz«. Oft gibt es keine Spur von Gott- oder wenigstens Selbstvertrauen, jener Grundhaltung, die nötig ist, um den Anforderungen einer sich wandelnden Welt einigermaßen entspannt begegnen zu können.

Was sind nun die einzelnen Elemente, die zu dieser Überforderung beitragen? Hier spielt möglicherweise nicht nur die Veränderung von Lebensumständen eine Rolle, sondern vor allem das Tempo, in dem dieser Wandel geschieht.

Unzweifelhaft gibt es seit dem Beginn der Industrialisierung im späten 18., vor allem aber im 19. Jahrhundert eine stete Beschleunigung der Veränderungsprozesse. Zu dieser Beschleunigung gehört auch, dass die jeweiligen Zeitgenossen darüber klagen, wie sehr das Lebenstempo zugenommen habe. Die Kommentare, die zur ersten Eisenbahn zwischen Nürnberg und Fürth abgegeben worden sind, klingen sehr ähnlich denen, die man angesichts des heutigen Transrapid hören kann: Von vielen Leuten, die zur Zeit der Einführung der jeweils neuen Technik leben, wird das neue Transportmittel als »zu schnell« empfunden, und es löst eine unangenehme Befindlichkeit aus, wenn man darin fährt.

Ähnliches kann man beobachten, wenn man mit verschiedenen Generationen darüber spricht, wie schnell ein Film sein darf, damit sich der Zuschauer noch wohlfühlt. In der Filmindustrie und bei Computerspielen nimmt die Häufigkeit von Bildschnitten und das Tempo in den einzelnen Szenen seit Jahren ständig zu. Dabei fällt auf, dass jüngere Leute ältere Filme, die gemächlicher gedreht sind, häufig als langweilig empfinden, während ältere Leute heutige Filme als »zu hektisch« erleben. Ganz offensichtlich gibt es also auch hier einen deutlichen Anpassungsprozess zu verzeichnen, der bis auf die Ebene der Wahrnehmung zu beobachten ist: Jede Generation passt sich an das jeweilige Tempo in der Kultur, das zu ihrer Jugendzeit herrscht, an. Und es gibt keinen wissenschaftlichen Hinweis darauf, dass dieser Prozess nicht genauso weitergehen könnte, wie er in den letzten 200 Jahren stattgefunden hat, außer vielleicht der Grenze, die durch die Übertragungsgeschwindigkeit von Signalen in unserem Nervensystem gegeben ist. Woher also die Zunahme der Überforderungssymptome?

Überforderung durch Tempo

Ich vermute, dass die Überforderungssymptome dann häufiger auftreten, wenn die Beschleunigung so hoch wird, dass der oder die Einzelne gezwungen ist, sich mehrfach innerhalb seiner/ihrer Lebensspanne komplett umzustellen. Dies führt zur Erfahrung von Unberechenbarkeit über einen Punkt hinaus, diesseits dessen man sich noch wohlfühlen kann. Das möchte ich an einigen Beispielen erläutern.

Technologische Entwicklung

Die Innovationszyklen bei modernen Hightechentwicklungen sind so kurz geworden, dass man jedes Mal bei der jeweils neuesten Version eines Computerprogramms gezwungen ist, ziemlich viel umzulernen. Wenn ich heute einen neuen Computer kaufe, bekomme ich die jeweils neueste Software dazu. Dummerweise ist das Schreibprogramm, mit dem ich diesen Text verfasse, von seiner Bedienungsoberfläche her ziemlich anders als die Vorgängerversion. Ich muss also zuerst einmal lernen, die neue Version zu bedienen, bevor ich weiterschreiben kann. Dasselbe gilt für neue Handys oder andere Hightechgeräte und trägt dazu bei, dass sich ein guter Teil der Nutzer dieser Zaubermaschinen immer ein bisschen unwohl fühlt, weil das Grundgefühl, mit der neuen Technik nicht wirklich klarzukommen, zum ständigen Begleiter wird.

Veränderung der Arbeitswelt

Die Beschleunigung innerhalb der Arbeitswelt kann man gut erkennen, wenn man sich die Veränderungsgeschwindigkeit vor Augen hält, die durch die technologischen

Möglichkeiten entsteht. Vor den Zeiten von Telefax und E-Mail dauerte Geschäftskorrespondenz einfach deshalb länger, weil der Postweg Zeit brauchte. Heutzutage kann man innerhalb einer Stunde Vorgänge erledigen, die noch vor 30 Jahren eine Woche gebraucht hätten. Wenn man einzelne Branchen betrachtet, hat die Entwicklung der Mikrochip-Technologie zu teilweise völlig umwälzenden Entwicklungen geführt. Weder ein klinisches Labor noch eine Druckerei, weder eine Schalterhalle in der Bank noch ein Grafikatelier haben heute noch sehr viel Ähnlichkeit mit ihren Vorgängern vor 20, 30 Jahren. Eine Generation vor Einführung des Mikroprozessors gab es zwar auch schon technologisch getriebene Veränderungen der Arbeitswelt, aber das Tempo war weitaus geringer.

Ein weiterer Aspekt, der zur Verunsicherung beiträgt, ist der immense Wandel des internationalen Arbeitsmarktes. Tätigkeiten, die man sich bisher nur ortsgebunden vorstellen konnte, werden dank Internet, E-Mail und weltumspannender Mobilfunknetze mittlerweile internationalisiert. Wir haben uns kaum daran gewöhnt, dass die Buchungszentralen großer europäischer Fluglinien in Bangalore sitzen, da erfahren wir, dass amerikanische Zeitungen beginnen, selbst Lokalredaktionen nach Indien zu verlagern. Diese erhalten per E-Mail Fotos und Stichworte über einen Vorgang irgendwo in Amerika und machen daraus den fertigen Artikel für die Lokalzeitung.

Jost Stollmann, der Unternehmer, der einst als Wirtschaftsminister in einem Kabinett Schröder gehandelt worden war, formuliert zugespitzt im Januar 2009 im Magazin *brand eins*: »Die Mittelklasse sitzt zum überwiegenden Teil im Gefängnis des abhängigen Normalverdieners und musste lernen, dass die Arbeitsplatzsicherheit – also der Ausgleich für Ihre Abhängigkeit – inzwischen zum Tageskurs gehandelt wird.« Der Vorteil der vermeintlich »sicheren« Beschäftigungsverhältnisse verschwindet zunehmend, ohne dass der Vorteil der Freiheit von denen genutzt wird, die ihre »Sicherheit« verlieren; sie haben nicht gelernt, sich der Freiheit, die entsteht, zu bedienen. Die Folge ist eine merkwürdige rückwärtsgewandte Ängstlichkeit in der Grundhaltung.

Persönliche Beziehungen

Die Vielfalt an Beziehungsformen, in denen Menschen tatsächlich leben, war noch nie so groß wie heute. Das hat den Vorteil sehr hoher Freiheitsgrade für den Einzelnen, führt aber auch zu abnehmender Verbindlichkeit. Traditionelle Ehe und Familie, Lebensabschnittspartner, Patchworkfamilien, gleichgeschlechtliche Ehe, Wohngemeinschaften aller Art: Die Auswahl ist sehr groß. Gleichzeitig wird die Möglichkeit der Kontrolle über die persönlichen Beziehungen eher kleiner. In einer Zeit, wo eherne Gesetze des Zusammenlebens und dessen, was geht und was nicht, für die große Mehrheit der Gesellschaft galten, waren einerseits die Freiheitsgrade sehr gering und die Sanktionen für abweichendes Verhalten vom Kodex der Mehrheit teilweise ziemlich drastisch. Dieses gesellschaftliche Korsett ersparte es dem Individuum andererseits, sich mit sehr vielen Optionen – und gegebenenfalls deren häufiger Änderung! – auseinanderzusetzen. Natürlich gab es auch schon in früheren Zeiten Beziehungsdramen aller Art, aber die gesellschaftlichen »Leitplanken« für das Leben des Einzelnen waren viel deutlicher markiert als heute.

Absicherung der eigenen Zukunft

In den Jahren nach dem Krieg, als Deutschland wieder aufgebaut worden ist, entstand auch das Modell einer weitgehenden sozialen Grundsicherung: Der Durchschnittsbürger war abgesichert, was die Kosten für eine schwere

Krankheit, die Folgen von Arbeitslosigkeit und vor allem die Rente anging. Sowohl in der westlichen wie in der östlichen Republik ging diese Absicherung weit über das hinaus, was Bismarck im Jahrhundert davor erstmals in Ansätzen eingeführt hatte. Dieses Gefühl der Sicherheit in Bezug auf die großen Risiken des Lebens war im Deutschland nach dem Zweiten Weltkrieg diesseits und jenseits der Mauer, die das Land teilte, vergleichsweise lange ganz selbstverständlich.

Aber diesem Sicherheitsgefühl war es nicht bestimmt, von ewiger Dauer zu sein. Als der ehemalige Arbeitsminister Blüm im Jahre 1986 plakatierte: »Die Renten sind sicher!«, wurde das von vielen kritischen Beobachtern der Zeitläufe schon damals eher als schamanistische Beschwörungsformel denn als Hinweis auf Tatsachen aufgefasst. Spätestens seit der globalen Finanzmarktkrise gut 30 Jahre nach dieser Aussage ist wieder sehr deutlich ins Bewusstsein gerückt, wie wenig sicher die Altersvorsorge eigentlich ist – das gilt für die gesetzliche Vorsorge weniger, sondern mehr für die private, weil Letztere eben sehr massiv von den Krisen des Kapitalismus betroffen ist. Auch bei diesen Themen hat das Tempo der Veränderungen zugenommen: Innerhalb eines Jahres können sich die wirtschaftlichen Rahmenbedingungen dramatischer ändern, als wir uns das vorzustellen gewohnt waren.

Umwelt und Klima

Bei den Umweltveränderungen sind Beschleunigungsprozesse besonders eindrücklich zu sehen. Klimaveränderungen hat es immer schon gegeben, auch unabhängig von der Spezies Mensch. Dass die menschliche Einwirkung auf dem Globus die Klimaveränderungen vorantreibt, wissen wir auch schon seit der antiken Abholzung rund ums Mittelmeer durch das römische Imperium. Diese

Veränderungen haben dramatisch an Tempo gewonnen, seit die weltweite Industrialisierung gigantische technische Möglichkeiten des Eingriffs in die natürliche Umwelt bietet. Die durchschnittliche Klimaerwärmung nimmt zu, je mehr Gebiete auf unserem Planeten industrialisiert werden. Auch hier: Das Tempo des Prozesses erhöht sich.

Es handelt sich durchweg um Prozesse, denen wir einerseits ausgesetzt sind, die wir andererseits aber durch unser individuelles Verhalten so gut wie gar nicht beeinflussen können. Nur kollektives Handeln im Weltmaßstab könnte diese Prozesse wirkungsvoll beeinflussen, wie man an den Beispielen des Klimawandels oder der Regulierung der internationalen Finanzmärkte sehen kann. Weniger diese Prozesse selbst als vielmehr deren zunehmende Beschleunigung scheinen die psychologisch wichtigsten Faktoren zu sein, die Gefühle von Verunsicherung und in deren Folge Ängstlichkeit hervorrufen. Der Wunsch nach Kontrolle und damit der Wunsch, diese Prozesse beherrschen zu können, ist als Reaktion auf diese Erfahrungen zwar sehr verständlich, wenn auch häufig nicht besonders problemlösend.

Fassen wir zusammen:
- Die »deutsche Angst« steht in merkwürdigem Gegensatz zum Ausmaß an Wohlstand und Sicherheit in diesem Land.
- Die Art, Probleme zu beschreiben, schürt diese Angst durch katastrophisierende Darstellungsweisen.
- Diese vermitteln sich sprachlich: Klimakatastrophe statt Klimawandel, Kältechaos statt strenger Wintereinbruch usw.
- Über den Mechanismus der sich selbst erfüllenden Prophezeiung können solche katastrophisierenden Beschreibungen eine angstverstärkende Spirale in Gang setzen.

- Die zunehmende Beschleunigung von Veränderungsprozessen ist überall zu beobachten, zum Beispiel bei der technologischen Entwicklung, im Bereich der persönlichen Beziehungen, bei der Zukunftsvorsorge und in den Bereichen von Umwelt und Klima.
- Dieses Veränderungstempo überfordert viele Zeitgenossen.
- Als Reaktion darauf wächst die Angst und damit der Wunsch nach Kontrolle.
- Dieser Wunsch ist häufig nicht realistisch umzusetzen, da die für den Einzelnen wichtigen Prozesse durch dessen Verhalten allein nicht beeinflusst werden können.

Exkurs: Ich-Struktur und Kontrolle

Wenn wir gehen wollen, brauchen wir eine intakte Beinmuskulatur mit der dazugehörigen Gefäß- und Nervenversorgung, die das Beinskelett so bewegen kann, dass die Fortbewegung klappt. So wie körperliche Vorgänge bestimmte Strukturen brauchen, um funktionieren zu können, gibt es auch seelische Grundstrukturen, die die Voraussetzung für eine normale Funktion des psychischen Apparates schaffen. Die sogenannte Ich-Struktur ist eine solche Grundstruktur. Sie kann nun nicht direkt betrachtet werden wie die Muskeln an den Beinen. Man kann sie aber beurteilen, indem man prüft, ob ein Mensch über bestimmte Fähigkeiten verfügt – also, um in der Analogie zum Gehen zu bleiben, ob er psychisch »gehen« kann.

Diese Fähigkeiten sind erforderlich, um überhaupt Kontrolle über sich selbst und seine unmittelbarsten Lebensumstände ausüben zu können. In der modernen tiefenpsychologischen Diagnostik kann man feststellen, in welchem Maß eine Person über diese Fähigkeiten verfügt. Daraus werden dann diagnostische Rückschlüsse auf die Ich-Struktur gezogen.

Ein Mensch, dessen Ich-Struktur sehr wenig gefestigt ist, hat quasi von innen heraus häufig das Gefühl, zu wenig Kontrolle zu haben – was ja auch tatsächlich stimmt, weil ihm bestimmte notwendige Fähigkeiten zu wenig zur Verfügung stehen. Die Grundlage für den seelischen Entwicklungsprozess, der zu einer stabilen oder zerbrechlichen Ich-Struktur führt, wird im allerfrühesten Kontakt zwischen dem Kind und seiner Mutter gelegt – lange bevor das Kind sprechen oder Sprache verstehen kann. Dabei vermittelt die Mutter dem Säugling ein Gefühl von Sicherheit und eine Erfahrung des Versorgtwerdens, wenn sie in der Lage ist, die nicht sprachlichen Signale des Babys zu verstehen und angemessen zu beantworten. Es findet zwischen Mutter und Kind eine sehr intensive Kommunikation statt, die für den Aufbau der Ich-Struktur des Kindes von großer Bedeutung ist. Auf dieser Grundlage, die in der frühen Beziehung entsteht, kann sich die Ich-Struktur dann weiterentwickeln – bis zu einer verlässlich stabilen Ich-Struktur oder zu einer zerbrechlichen Struktur, die viele seelische Anforderungen des Alltags nicht so gut bewältigen kann.

Gesellschaftliche Verhältnisse wie Familienstrukturen, Geschlechtsrollennormen, Freiheitsgrade für den Einzelnen usw. spielen dabei eine große Rolle für die Frage, wie gut junge Menschen ihre Ich-Struktur entwickeln können. Die psychischen Fähigkeiten, anhand derer man die Ich-Struktur beurteilen kann, sind im Einzelnen:

Die *Fähigkeit zur Selbstwahrnehmung und Selbststeuerung*: Dazu gehört die Fähigkeit, eigene starke Gefühle aushalten und die Impulse, die von ihnen ausgehen, steuern zu können. Damit ist gemeint, dass eine Person in der Lage ist, den eigenen emotionalen Zustand, die eigenen Bedürfnisse und den Zustand des eigenen Körpers bewusst wahrzunehmen, zu reflektieren und zu steuern, zum Beispiel: »Ich bin wütend und frage mich, warum ich das bin (auf wen bin ich ärgerlich und aus welchem Grund?). Ich kann entscheiden, was ich mit dem Ärger mache, und ich muss den Ärger nicht blind ausagieren, sondern kann meine Lebenssituation und meine gesamten Zielsetzungen berücksichtigen.« Der Mensch ist also in der Lage, Impulse, die durch Gefühle ausgelöst werden, so zu steuern, dass sie ihm selbst oder anderen nicht schaden. Wut löst ja ungefiltert den Impuls aus, aggressiv zu agieren. Menschen, die ein starkes Gefühl nicht in sich halten können beziehungsweise einen aus diesem sich ergebenden Handlungsimpuls nicht steuern können, haben an diesem Punkt ein ich-strukturelles Problem. Sie haben über einen zentralen Bereich der eigenen psychischen Funktion tatsächlich zu wenig Kontrolle. Die Fähigkeit zur Selbstwahrnehmung beinhaltet auch das Identitätsgefühl über die Zeit. Es ist durchaus nicht selbstverständlich, dass wir über Jahrzehnte eine innere Gewissheit aufrechterhalten können, die uns sagt: »Das bin ich.« Der Organismus verändert sich ständig, sowohl materiell-körperlich als auch in Bezug auf die Bewusstseinsinhalte, zum Beispiel im Prozess des Alterns. Trotzdem gelingt es uns bei intakter Ich-Struktur, ein Gefühl von Identität über die Zeit zu bewahren.

Eine weitere Dimension der Selbststeuerung ist die *Fähigkeit, das eigene Selbstwertgefühl zu regulieren*. Das Selbstwertgefühl ist eine zentrale psychische »Stellgröße«, und es ist im Leben vielen Anfechtungen ausgesetzt. Jemand, der sich gut selbst steuern kann, ist in der Lage, das eigene Selbstwertgefühl auch dann aufrechtzuerhalten, wenn es von außen angegriffen wird, zum Beispiel durch heftige entwertende Bemerkungen anderer Menschen (siehe dazu auch mein Buch *Im Kern getroffen*.)

Eine weitere Dimension der Ich-Struktur hängt direkt mit der Selbstwahrnehmung zusammen: die *Fähigkeit zur Wahrnehmung des anderen und zur emotionalen Kommunikation*. Damit ist gemeint, dass jemand in der Lage ist, einen emotionalen Kontakt zu anderen Menschen aufzubauen und sich empathisch in sein Gegenüber einzufühlen. Die Kommunikation zwischen Menschen läuft zu einem sehr hohen Prozentsatz über emotionale Kanäle – deren Ausdruck findet sich in Gestik, Mimik, Tonfall und Körperhaltung und läuft in aller Regel unterhalb der bewussten Wahrnehmung ab. Umgangssprachlich sagt man, »die Chemie stimmt« oder sie stimmt eben nicht. Damit sind genau die Bereiche gemeint, von denen hier die Rede ist. Jemand mit gut entwickelter Ich-Struktur ist in der Lage, diese Ebene der Kommunikation unabhängig vom Inhalt, über den er sich mit jemandem austauscht, wahrzunehmen und zu verstehen. In der Kommunikationswissenschaft spricht man deshalb auch von der Inhaltsebene (über *was* gesprochen wird) und der Beziehungsebene (*wie* darüber gesprochen wird: freundlich oder wütend usw.).

Jemand mit intakter Ich-Struktur kann eigene Gefühle angemessen zum Ausdruck bringen und sein Gegenüber »ganzheitlich«, das heißt auf der Inhalts- und der Beziehungsebene, wahrnehmen. Wenn das jemand nicht kann, hat dies im Alltag häufig eine sehr verstörende Wirkung für die Person selbst, aber auch für ihre Kommunikationspartner: »Der ist irgendwie komisch« heißt es dann – verständlich, dass dies nicht zum Gefühl einer guten Kontrolle für den Betroffenen beitragen wird.

Schließlich zeigt sich die Ich-Struktur an der *Fähigkeit zur Bindung*. Da das Bedürfnis nach Bindung ein wesentliches menschliches Grundbedürfnis ist, ist die Fähigkeit, Bindungen einzugehen – und auch wieder zu lösen! – sehr wichtig. Dazu muss man zum einen in der Lage sein, ein stabiles inneres Bild vom Bindungspartner aufrechtzuerhalten, auch wenn dieser nicht anwesend ist. Zum anderen muss man fähig sein, zu trauern bei Beziehungsverlust. Menschen, deren Bindungsfähigkeit nicht gut entwickelt ist, neigen entweder dazu, enge emotionale Bindungen von vornherein zu vermeiden, oder aber sie versuchen, symbiotische Bindungsmuster zu verwirklichen – das berüchtigte »Klammern in Beziehungen«, was sich in aller Regel auf längere Sicht beziehungszerstörend auswirkt.

Die letzte Dimension der Fähigkeiten, an denen man die Ausprägung der Ich-Struktur ablesen kann, ist die *Fähigkeit zur Abwehr*. Der Begriff der Abwehr stammt aus der Psychoanalyse und meint, dass eine Person in der Lage ist, bestimmte gedankliche Inhalte aktiv aus dem Bewusstsein fernzuhalten. Andersherum formuliert: Wenn jemand fähig ist, sich bewusst über eine längere Zeit auf einen bestimmten Gegenstand zu konzentrieren, besitzt er oder sie eine gute Fähigkeit zur Abwehr. Das heißt, die Person hat die Möglichkeit, andere Dinge als die, auf die sie sich jetzt gerade konzentrieren will, aktiv aus dem Bewusstsein auszublenden. Menschen, die über diese »Fähigkeit zur Abwehr« nicht verfügen, werden ständig von allem Möglichen überschwemmt. Sie können den Strom der Sinneseindrücke, Gedanken und Assoziationen, die durch das Gehirn gehen, kaum aktiv strukturieren. Dass ein solcher Zustand von Betroffenen als das genaue Gegenteil von Kontrolle erlebt wird, liegt auf der Hand.

Eine kritische Einschränkung bezüglich des Begriffs der »Ich-Struktur« ist notwendig: Wenn wir von »Struktur« sprechen, haben wir in der Regel etwas Unverrückbares, Festgelegtes vor Augen, was dem Ganzen seinen Halt gibt – das Skelett beim menschlichen Körper zum Beispiel oder den Rohbau eines Gebäudes. Die Ich-Struktur ist zwar in der Tat auch etwas Grundlegendes, was die Voraussetzung für das Funktionieren des gesamten psychischen Apparats darstellt, aber sie ist nicht so unverrückbar, wie es der Begriff suggeriert. Nach allem, was wir heute wissen, ist es tatsächlich so, dass die Grundlagen für eine stabile Ich-Struktur in der Beziehungserfahrung der frühen Kindheit gelegt werden. Aber leider kann auch ein Mensch mit einer gut angelegten Ich-Struktur diese quasi wieder verlieren, wenn er einer sehr starken seelischen Traumatisierung ausgesetzt worden ist.

Aber auch alltägliche Dinge sind durchaus wichtig für die Ich-Struktur: Wenn jemand zum Beispiel längere Zeit am Schlafen gehindert wird, können Teile der oben genannten Fähigkeiten komplett verloren gehen. Daher ist man heute bei der Diagnostik der ich-strukturellen Fähigkeiten bemüht, ein Bild zu gewinnen, das sich an der Funktionsfähigkeit des Ich unter durchschnittlichen Alltagsbedingungen orientiert.

Wenn man mit klinisch tätigen Psychotherapeutinnen und Psychotherapeuten spricht, so bekommt man seit einiger Zeit unisono zu hören, dass die ich-strukturellen Probleme bei Patientinnen und Patienten zunehmen. Diese Entwicklung geht parallel einher mit einer zunehmenden Öffnung westlicher Industriegesellschaften; das Maß an Freiheiten bezüglich der eigenen Lebensgestaltung ist heute sehr hoch. Es gibt eine breite Variation von Lebensstilen, die gesellschaftlich akzeptiert oder zumindest toleriert werden. Gleichzeitig nimmt der Zwang, sich in bestimmte Rollen nach klaren Vorgaben einzufügen, ab – eine Entwicklung zu mehr Freiheit, um die schließlich seit Jahrhunderten gerungen worden ist. Es gibt bei dieser Entwicklung aber offenbar eine Schattenseite: Aufgrund der Auflösung von verbindlichen Strukturen bleibt es immer mehr dem Einzelnen überlassen, diese Strukturen für sich festzulegen. Und das könnte ein Teufelskreis sein. Um nämlich eine gesunde Ich-Struktur entwickeln zu können, die in der Lage ist, das eigene Leben angemessen gut selbst zu steuern, braucht das Kind zunächst einmal verlässliche Strukturen um sich herum.

Der Großvater oder die Großmutter, die sich noch gar keine Gedanken machten über bestimmte Freiheiten, die heute selbstverständlich sind, vermitteln häufig ein Gefühl von Sicherheit und Geborgenheit, wie es heute nicht mehr ganz so leicht zu bekommen ist. Um nicht missverstanden zu werden: Das ist kein Plädoyer gegen die Freiheit, wie wir sie heute genießen. Es sollte aber zum Nachdenken darüber führen, welcher gesellschaftlichen Strukturen in der Familie, im Kindergarten und in der Schule es bedarf, um Kindern und Jugendlichen eine möglichst optimale Entwicklung einer eigenen stabilen Ich-Struktur zu ermöglichen. Wenn dies gelingt, werden sie selbst später zu Eltern, die der nächsten Generation helfen können, eine stabile Ich-Struktur zu entwickeln.

Das Fazit dieses Exkurses für unser Thema zeigt, dass eine intrapsychische Größe, die Ich-Struktur, wesentlich dafür ist, ob jemand ein grundsätzliches Gefühl der Kontrolle über sein eigenes Leben entwickeln kann oder nicht. Man könnte nun spekulieren, ob der starke Ruf nach Sicherheit und die hohe Angstbereitschaft in der Gesellschaft, die in so merkwürdigem Widerspruch zum tatsächlichen Entwicklungsstand dieser Gesellschaft stehen, auch etwas mit der Zunahme ich-struktureller Störungen zu tun hat. Es liegt ja eigentlich nahe, dass der Ruf nach äußerer Sicherheit dann am stärksten ist, wenn die innere Verunsicherung sehr hoch ist. Der starke Mann in der Politik steht für die Sehnsucht danach, die Widrigkeiten und Widersprüche des Lebens nicht aus eigener Kraft bewältigen zu müssen, sondern jemanden zu haben, der sagt, wie es geht.

Demokratische Gesellschaften sind darauf angewiesen, dass die Mehrzahl der Bürger dies nicht wünscht, sondern das eigene Leben so weit wie möglich selber steuern möchte. Dazu muss die Mehrzahl der Bürger aber auch über die Fähigkeiten verfügen, dies zu können. Wenn sich nun intrapsychische Schwierigkeiten in Form fragiler Ich-Struktur zu äußeren Schwierigkeiten (zum Beispiel Arbeitslosigkeit) addieren, ist das eine durchaus brisante Mischung, die schnell wieder zum Ruf nach Stärke und »Struktur von oben« führen kann. Ein Blick in die jüngere Geschichte zeigt, dass genau das immer dann passiert ist, wenn Strukturen verloren gegangen beziehungsweise ihre Verlässlichkeit eingebüßt haben, zum Beispiel in der Weimarer Republik oder in Russland nach der Phase des völlig unregulierten Kapitalismus. Dem starken Mann, der verlässliche Strukturen verheißt, wächst in solchen Geschichtsperioden eine ungeheure Attraktivität zu, und der Preis der Unfreiheit, der für alle zu entrichten ist, scheint plötzlich bezahlbar zu sein.

Kontrolle in zwischenmenschlichen Beziehungen

Die Melodramen der Literatur- und Kunstgeschichte sind voll davon: unglückliche Beziehungen, nicht selten in Serie, Eifersuchtsdramen, Scheidungskriege – das Feld der zwischenmenschlichen Beziehungen gehört offenbar zum Wichtigsten im Leben. Man könnte sich einmal fragen, warum das eigentlich so ist. Wäre nicht vieles einfacher, wenn unsere Beziehungen zu anderen Menschen ein Thema unter vielen wären, statt *das* Thema an sich?

Ein Gehirn braucht das andere

Möglicherweise kommt die moderne Antwort auf diese Frage aus der Hirnforschung. Nach allem, was wir heute wissen, sind wir für unsere psychische Gesundheit fundamental auf den Dialog mit anderen angewiesen. Wenn man eine Metapher aus der Computersprache benutzen möchte: Ein Gehirn formatiert das andere, und im Kontakt und im Gespräch mit anderen Menschen entsteht das, was wir »Ich« oder »Persönlichkeit« nennen. Das ist ein sehr tief greifender Prozess, der über die Frage von seelischer Gesundheit oder Krankheit entscheidet. Himmel und Hölle können in den Beziehungen zu den Mitmenschen erlebbar werden.

Literaten und Künstler haben das schon lange vor der Wissenschaft gewusst. So hat zum Beispiel Jean-Paul Sartre in seinem Stück »Geschlossene Gesellschaft« formuliert: »Die Hölle, das sind die anderen.« Und wenn wir die Liebeslyrik der Jahrhunderte lesen, finden wir genügend Hinweise auf den Himmel, der im anderen und in der Begegnung liegen kann.

Ein Studienfreund von mir, der sich für eine chirurgische Laufbahn entschieden hat, neigt dazu, auf Psychotherapeuten wie mich ein wenig herabzublicken: »Was macht ihr schon groß, ihr sitzt den ganzen Tag auf dem Stuhl und quatscht!« – »Richtig«, antworte ich ihm dann, »allerdings korrigieren wir dadurch Fehlverschaltungen in Gehirnen – und das ganz ohne blutige Eingriffe wie bei euch!« In der Tat ist eine erfolgreiche therapeutische Behandlung oder ein erfolgreicher Beratungsprozess auf der Ebene der Gehirnstruktur immer mit einer Veränderung der Verschaltungen in unserem zentralen Steuerungsorgan verbunden – und das geschieht tatsächlich »nur« durch Gespräche im Rahmen einer zwischenmenschlichen – in diesem Fall professionellen – Beziehung!

Natürlich muss ein solches Gespräch vom Wissen um die Art und Weise, wie Veränderung geschieht, getragen sein, wenn man eine systematische »Schaltplanveränderung« in eine bestimmte Richtung anstrebt – dem notwendigen Fachwissen über Veränderungsprozesse bei Menschen.

Der Homo sapiens ist auf eine grundsätzliche, sozusagen naturgegebene Weise als Beziehungswesen angelegt. Das ist nicht nur in der Psychologie begründet, sondern auch in der Biologie des Menschen. Dadurch, dass die menschliche Spezies einen aufrechten Gang besitzt, sind aus statischen Gründen der Breite des weiblichen Beckens Grenzen gesetzt. Das bringt es mit sich, dass menschliche Nachkommen schon zu einem Zeitpunkt geboren werden, wo sie noch in keinster Weise ausgereift sind – sie können nicht länger im Mutterleib bleiben, weil sonst der Kopf zu groß wäre für den Durchtritt durch den

Geburtskanal. Man spricht von einer »physiologischen Frühgeburt«.

Das hat zur Folge, dass die frühe Mutter-Kind-Beziehung außerhalb des Mutterleibes eine kaum zu überschätzende Bedeutung für die Entwicklung des kleinen Babys hat. Hier ist die erste und vermutlich intensivste Beziehungsabhängigkeit des Menschen während seiner gesamten Lebensspanne zu beobachten. Was das Kleinstkind in dieser Beziehung erlebt, entscheidet über sehr wesentliche Grundstrukturen der menschlichen Psyche. Es ist allerdings nicht so, wie manche frühen Psychoanalytiker noch geglaubt haben, dass diese Phase Festlegungen im Seelenleben schafft, die für den Rest des Lebens nicht mehr zu ändern sind. Das Gehirn hat eine sehr hohe »Neuroplastizität«, wie es im Fachjargon heißt. Das bedeutet, dass wir lebenslang, bis ins hohe Alter, dazulernen und umlernen können. Das geht so weit, dass bestimmte Hirnstrukturen Aufgaben übernehmen können, die bisher von ganz anderen Teilen des Hirns wahrgenommen worden sind, wenn diese durch einen Unfall oder eine Krankheit zerstört wurden. Lernen ist ja nichts anderes als der Anpassungsprozess an veränderte Umstände. Das Feld, in dem dieses Lernen bei Menschen zum größten Teil stattfindet, sind die Beziehungen zu anderen Menschen.

Es ist also nicht weiter verwunderlich, dass die Frage, inwieweit wir unsere Beziehungen zu anderen kontrollieren können, sehr bedeutsam ist. Für den Therapeuten zeigt sich bei diesem Thema vermutlich die größte Varianz der menschlichen Möglichkeiten – im Gesunden wie im Kranken.

Ich möchte im Folgenden einige Beispiele benennen, anhand derer wir uns der Frage nähern können, wie viel Kontrolle – und worüber – sinnvoll ist und wo Kontrolle in Beziehungen anfängt, zerstörerisch zu werden.

Unbewusste Kräfte in der Beziehungsgestaltung

Peter B., 42, gelernter Software-Programmierer, hatte vor zehn Jahren eine eigene Firma gegründet. Er war sehr fleißig und hatte gute Geschäftsideen im Bereich des Kundenservice für Informationstechnologie für kleine und mittlere Unternehmen, sodass die Firma bald gut lief und er sich zuerst einen, dann noch einen zweiten Angestellten leisten konnte. Das »große Leid« in seinem Leben, wie er es selbst nannte, war seine Unfähigkeit, eine Frau längere Zeit an sich zu binden. Seit der Ausbildungszeit hatte er sich immer wieder ernsthaft verliebt und war mit großem Engagement Beziehungen eingegangen – die immer gleich endeten: Die Frau hat ihn verlassen, immer mit einer ähnlichen Begründung: »Ich mag dich sehr gerne, aber du klammerst mir zu viel.« Nachdem er dieses Muster des Beziehungsendes zum fünften Mal hinter sich hatte, suchte er psychotherapeutische Unterstützung. Er war ganz niedergeschlagen: »Was mache ich bloß falsch?«

Bei der Erhebung der Vorgeschichte ergab sich ein komplexes, dem Patienten selbst weitgehend unbewusstes Muster seiner persönlichen Beziehungsgestaltung. Er brauchte immer relativ lange, bevor er sich auf eine Frau emotional wirklich einließ – »die mussten mich immer regelrecht erobern«. War eine intime Beziehung zustande gekommen, trug er seine Partnerin auf Händen; er las ihr jeden Wunsch von den Augen ab und bemühte sich trotz des Berufs, der ihn sehr in Anspruch nahm, möglichst viel Zeit mit seiner Freundin zu verbringen. Wenn die Frau einen Wunsch nach größerer Abgrenzung äußerte, weil sie zum Beispiel etwas ohne ihn unternehmen oder einfach einmal allein sein wollte, reagierte er gekränkt und eifersüchtig. Das führte dazu, dass sie ihm nicht mehr alles sagte, um eine Szene zu vermeiden – was sein eifersüchtiges Misstrauen nur noch verstärkte. Wenn die Frauen versuchten, »vernünftig« mit ihm zu reden, war er sehr beschämt und voller Schuldgefühle, konnte aber nicht verhindern, dass dasselbe Verhaltensmuster immer wieder wie ein Automatismus auftauchte. Als wir in der Therapie über sein inneres Erleben sprachen, wurde Peter B. klar, dass er eine panische Angst davor hatte, verlassen zu werden. Auf dem Grund seiner Seele konnte er sich nämlich nicht vorstellen, dass er von einer Partnerin »einfach so« geliebt werden könnte, weil er ist, wie er ist. Jede autonome Regung der Frauen innerhalb der Beziehung zu ihm erlebte er als massiv bedrohlich – er litt Höllenqualen und war davon überzeugt, dass der Anfang vom Ende gekommen sei, sobald seine jeweilige Partnerin auch nur den leisesten Wunsch äußerte, irgendetwas nicht mit ihm zu teilen. Der biografische Hintergrund, auf dem dieses Erleben und Verhalten entstanden ist, war eine wenig behütete Kindheit mit der Erfahrung äußerst unverlässlicher Beziehungen. Die Mutter des Patienten war von seinem Vater geschieden worden, als er noch kein Jahr alt war, und hatte in der Folge häufig wechselnde Beziehungen, die nie von Dauer gewesen waren.

Wie bei jeder neurotischen Störung hat der Patient einerseits unbewusst die Situation immer wieder hergestellt, die ihn schon als Kind gequält hat – Freud nannte das den »Wiederholungszwang«. Dieser entsteht aus dem Wunsch, der uns Menschen eigen ist, uns möglichst viel in vertrautem Terrain zu bewegen. Das Eigenartige dabei ist, dass wir das auch dann tun, wenn es zum Leiden führt; die Situation ist zwar unangenehm, aber sehr vertraut.

Andererseits gilt für die Neurose, dass wir dem, was uns Leiden macht, entkommen möchten – aber leider mit untauglichen Mitteln, die häufig genau die Situation herbeiführen, die wir unbedingt vermeiden wollen. Und genau das hat der Patient in unserem Beispiel auch getan: Er wollte die Wiederholung der Erfahrung der unsicheren und unverlässlichen Beziehung vermeiden, und er tat das über den Versuch, die Beziehung möglichst komplett zu kontrollieren.

Dem Patienten war dabei durchaus immer klar, dass irgendetwas nicht stimmt mit seiner Art, wie er versucht, seine jeweilige Partnerin zu kontrollieren – das Unbehagen war keineswegs nur auf der Seite der Frauen. Er war aber allein nicht in der Lage, das gesamte Bild seines Verhaltens zu verstehen und zu ändern; eine typische Situation für unbewusste, aber trotzdem das Verhalten bestimmende Muster. Auch nach Jahrzehnten Arbeit als Psychotherapeut finde ich das immer noch sehr faszinierend: Unser seelischer Apparat bestimmt uns in einem Ausmaß, das weit über das hinausgeht, was uns selbst bewusst ist. Dabei ist die Vermeidung von früher real erlebtem Leid eine der stärksten Motivationen für das unbewusste Geschehen. Und gerade das führt paradoxerweise dazu, dass uns häufig genau das widerfährt, was wir am meisten vermeiden wollten – eben weil die zugrunde liegenden Mechanismen implizit, also unbewusst, ablaufen.

Dass es diese Paradoxie gibt, war Menschen offenbar schon in der Antike bewusst. Die griechischen Tragödien berichten eigentlich durchgängig davon, dass Menschen etwas widerfährt, was sie unbedingt vermeiden wollen – und es ihnen trotz aller Anstrengung nicht gelingt, ihr Schicksal zu wenden. In einer modernen, tiefenpsychologischen Sprache würden wir nicht mehr vom »Schicksal« sprechen, sondern sagen: Das Unbewusste ist stärker und unterliegt nicht unserer unmittelbaren bewussten Kontrolle.

Wir haben es im Fall unseres Patienten mit einem Versuch der Kontrolle auf verhältnismäßig direkte und unverschnörkelte Weise zu tun, die von den betroffenen Frauen als sehr bedrängend erlebt worden ist. Es gibt noch andere Möglichkeiten, Beziehungen komplett kontrollieren zu wollen.

Beziehungskontrolle durch Dominanz oder Schuldgefühle

Vor einiger Zeit hat mich eine elegante ältere Dame mit den Worten aufgesucht: »*Sie sind mir empfohlen worden zum Coaching; ich bin mir zwar nicht sicher, ob Sie mir zu Erkenntnissen verhelfen können, die ich nicht schon selbst hatte, aber man kann's ja mal versuchen.*« *Dies trug sie mit eher aggressivem Unterton vor, was ich verhältnismäßig ungewöhnlich fand für eine erste Begegnung – wir hatten noch nie miteinander zu tun gehabt. Aber mein Interesse war sofort geweckt.*

Hella R., 72, war die Patriarchin einer Unternehmerfamilie. Sie wollte sich aus Altersgründen zurückziehen und ihr »*Feld bestellen*«, *wie sie es ausdrückte. Ihr Mann war schon vor 20 Jahren bei einem Unfall umgekommen, woraufhin sie das mittelständische Unternehmen mit 125 Mitarbeitern erfolgreich weitergeführt hatte.*

Im Zuge ihres Wunsches nach Rückzug aus dem operativen Geschäft brachen massive Familienkonflikte zwischen ihr, ihren drei Kindern und ihren beiden jüngeren Geschwistern aus. Es ging um Verteilungsfragen von Geld und Einfluss im Unternehmen, aber offenbar auch um uralte Rivalitäten und Ängste. Frau R. berichtete mir, dass sie »*immer kränker*« *werde, seit sie* »*diesen ganzen Ärger am Hals*« *habe – sie habe schwere Schlafstörungen, immer wieder Schmerzen im Körper und Herzrhythmusstörungen, die sie früher nie gekannt hatte. Ihr Hausarzt habe ihr sogar die* »*Diagnose einer Depression angehängt*«, *aber* »*so eine*« *sei sie nicht.*

Tatsächlich machte sie auf mich keinen depressiven Eindruck, sie wirkte eher wie jemand, der voller Zorn ist und nur auf eine Möglichkeit wartet, diesem einmal freien Lauf zu lassen – und jemanden zu finden, der sie versteht und bestärkt in ihrer Weltsicht.

Sie berichtete, dass sich schon seit einiger Zeit, mit ihrem zunehmenden Alter, alle von ihr abwenden würden. Ihre Kinder wollten immer weniger von ihr wissen, es sei denn, es gehe ums Geld und um die Firma. Viele frühere Freunde und Bekannte würden sich nicht mehr mit ihr treffen, sie verstehe überhaupt nicht, warum – die Welt sei ungerecht und undankbar, sie habe schließlich ihr Leben lang für andere gearbeitet, insbesondere für die eigenen Kinder, und ihre eigenen Belange immer hintangestellt.

Auf die Frage, was denn das Ziel eines Beratungsprozesses sein sollte, antwortete sie wie aus der Pistole geschossen: »Dass die mal akzeptieren, was ich sage, nachdem ich mich ein Leben lang aufgeopfert habe!«

Damit hatte sie ihr ganzes Dilemma in einem Satz auf den Punkt gebracht. Behutsam konnte ich schließlich mit ihr zusammen eine Zielformulierung finden, die darauf hinauslief, zunächst einmal besser zu verstehen, wie die Kommunikation in den für sie schwierigen Beziehungen ablief, und zu untersuchen, ob es hier vielleicht eine dysfunktionale Regelhaftigkeit gibt.

Als Frau R. Vertrauen gefasst hatte, stieg sie sehr beherzt in einen intensiven dialogischen Prozess mit mir ein, der ihr half, besser zu verstehen, wie sie ihre Beziehungen strukturiert. Sie merkte schließlich, dass sie sehr viel mit Schuldgefühlen arbeitete nach dem Muster: »Ich habe mich für dich aufgeopfert, jetzt bist du mir etwas schuldig und hast gefälligst zu tun, was ich sage.«

Im Grunde war sie damit auf die vollkommene Kontrolle der Beziehung aus. In ihrem Betrieb, den sie verhältnismäßig autoritär führte, erhielt sie selten ernsthaft Gegenwind, einfach weil sie die Chefin war. In den privaten Beziehungen hatte ihre dominante Art aber immer weniger funktioniert. Erschwerend kam etwas hinzu, was man im Bereich von Familienunternehmen häufig antrifft: In ihrer Rolle als Unternehmenschefin hatte sie ganz andere Anforderungen zu erfüllen als in ihrer Rolle als Mutter ihrer Kin-

74

der oder als Gesellschafterin der Firma im Kreise ihrer eigenen Geschwister. *Die Anforderungen der jeweiligen Rolle stehen zum Teil in krassem Gegensatz zueinander: So muss die Unternehmenschefin einen Mitarbeiter anders beurteilen als die Mutter ihren Sohn. Wenn bei einer Personalie das Mutterherz überwiegt, kann es dazu führen, dass der Sohn einen Posten im Unternehmen übernimmt, dem er weder sachlich noch persönlich gewachsen ist; das war auch im vorliegenden Fall ein Teilproblem des ganzen Komplexes. Als Chefin hätte sie ihren jüngsten Sohn, einen eher verträumten Künstlertyp, niemals als Leiter einer Auslandsniederlassung arbeiten lassen. Aufgrund der Symmetrie ihrer Verpflichtungen der Familie gegenüber hatte sie aber den Eindruck, es bleibe ihr keine andere Wahl. Diese Personalentscheidung nahm sie sich selbst lange Zeit übel.*

Im Coachingprozess ist mir eine sehr hohe Verletzlichkeit von Frau R. aufgefallen – sie war keineswegs so rau, wie sie sich im Erstkontakt gegeben hatte.

Nach einiger Zeit war es ihr möglich, zu verstehen, dass ihre Kontrollversuche über Manipulation durch Schuldgefühle viel mit dem Versuch zu tun haben, sich zu schützen vor Beziehungsverlust. Sie hatte die unbewusste Überzeugung, dass sie nur dann Beziehungen erhalten kann, wenn sie entweder total dominiert – was im Kontext ihrer Firma mit ihr als Chefin leidlich funktionierte –, oder wenn sie die anderen manipuliert, indem sie versuchte, ihnen Schuldgefühle zu machen und sie dadurch zu lenken. Diese ganzen Zusammenhänge wirkten sich massiv auf ihr Problem aus, ohne dass sie sich ihrer bewusst gewesen wäre.

Schuldgefühle sind ein sehr mächtiges Mittel, andere Menschen zu kontrollieren, und die Methode, Kontrolle über Schuldgefühle auszuüben, ist im Geschäfts- wie im Privatleben häufig anzutreffen. Der Clou dabei ist, dass diejenigen, über die Kontrolle ausgeübt wird, in der Regel gar nicht genau beschreiben können, dass und wie sie manipuliert werden. Wenn man ihnen in der Beratung hilft, die Mechanismen besser zu verstehen, mit denen sie unter Druck gesetzt werden, reagieren sie häufig mit einer enormen Wut auf den »Täter« oder die »Täterin«. Dass diese selbst sich des von ihnen benutzten Manövers emotionaler Erpressung häufig auch nicht wirklich bewusst sind, spielt dabei kaum eine Rolle.

Kontrolle in Beziehungen durch Manipulation ist sehr weit verbreitet. Es gibt neben der Variante »Schuldgefühle machen« noch zwei häufig zu beobachtende Kontrolltypen: Kontrolle über Angst und Kontrolle über Hilflosigkeit. Beides sind besonders interessante Varianten, weil sie gar nicht daherkommen wie Kontrollversuche. Ein Beispiel:

Die 52-jährige stellvertretende Rektorin einer Berliner Schule war mehr als ein halbes Dutzend Mal mit dem Notarzt in eine Klinik gefahren worden, nachdem sie einen »Herzanfall« gehabt hatte – sie hatte starke Schmerzen hinter dem Brustbein, Atemnot und Todesangst. Jedes Mal wurde sie kardiologisch durchuntersucht – mit dem Ergebnis, dass nicht der geringste krankhafte Befund am Herzen erhoben werden konnte. Nach dem siebten Mal kam jemand auf die Idee, diese Frau einmal beim psychosomatischen Facharzt vorzustellen, der dann auch schnell die Diagnose einer Angststörung stellen konnte. Die Patientin wurde erfolgreich verhaltenstherapeutisch behandelt.

Auf die störungsspezifische verhaltenstherapeutische Behandlung möchte ich hier nicht näher eingehen, weil das in den entsprechenden Manualen zur symptomorientierten Angsttherapie gut nachzulesen ist. Hier interessiert mich vor allem der Aspekt der Kontrolle in Beziehungen.

Die Patientin hat durch die Symptomatik die gesamte Familie, ihren Mann und ihre beiden Kinder sowie einen

Teil ihres Lehrerkollegiums sehr stark in Atem gehalten. Damit kein Missverständnis entsteht: Die Frau hat das natürlich nicht bewusst getan im Sinne einer vorsätzlichen Manipulation ihrer Umwelt. Faktisch geschah allerdings genau dies: Die anderen machten sich häufig große Sorgen um sie und waren daher ständig mit ihr befasst. Es ist sinnvoll, diesen Zusammenhang therapeutisch erst dann aufzudecken, wenn die Patientin gelernt hat, auf der Symptomebene besser mit ihren »Herzattacken«, die in Wirklichkeit Angstanfälle waren, zurechtzukommen. An diesem Fall kann man eindrucksvoll demonstrieren, wie sinnvoll es sein kann, verhaltenstherapeutische Vorgehensweisen mit tiefenpsychologischen und familiendynamischen Methoden zu kombinieren – wenn man das in der richtigen Reihenfolge tut. Zuerst einmal war es für diese Patientin wichtig, zu verstehen, dass die »Herzattacken« eben Ausdruck ihrer Angst waren, und ihr zu helfen, dass sie nicht immer wieder in den Teufelskreis der Angst gerät. Dafür gibt es keine bessere Methode als die verhaltenstherapeutische Angstbehandlung. Erst danach ist es sinnvoll, die größeren Zusammenhänge intensiver zu beleuchten und der Patientin bewusst zu machen.

Der Aspekt der Kontrolle ihrer Beziehungen durch Angst war für die Patientin eine enorm bedeutungsvolle Erkenntnis. Sie berichtete spontan, dass es in ihrer eigenen Ursprungsfamilie vollkommen üblich gewesen sei, einander die gegenseitige Zugewandtheit und Wertschätzung über große Besorgnis (um den Gesundheitszustand, das bevorstehende Examen oder was auch immer) zu beweisen. Die unbewusste Dynamik, die dieser Beziehungsgestaltung zugrunde lag, konnte sie am Ende des therapeutischen Prozesses so formulieren: »Wenn ich mir besonders große Sorgen um dich mache, ist das der Beweis, dass ich dir innigst zugetan bin.« Diesen Grundsatz ihres unbewussten familiären Lebensdrehbuchs inszenierte sie in ihren Angstattacken.

Die Macht der Schwachen

Das führt uns zu einem weiteren Thema, das sehr stark mit Kontrolle von Beziehungen zu tun hat, und auch diese Variante ist eine Form der Manipulation: Es geht um die Macht der Machtlosen. Der Satz »Ich kann nicht« kann für den, der ihn ausspricht, ein wunderbares Instrument sein, andere zu kontrollieren – besonders in einer Kultur, wo die Hilfe für die Schwachen zum Grundkonsens der kulturellen Tradition gehört. Das christlich-abendländische Verständnis eines gedeihlichen Zusammenlebens setzt voraus, dass nach politischen und gesellschaftlichen Strukturen gesucht wird, die sicherstellen, dass diejenigen, die »nicht können«, nicht von der Teilhabe an der Gesellschaft ausgeschlossen werden. Diese Überlegungen sind die Grundlage für alle Formen von sozialer Absicherung, die wir heute kennen und um deren jeweilig konkrete Ausgestaltung nach wie vor politisch intensiv gerungen wird.

Das Problem ist nicht dieses karitative Grundverständnis unserer Kultur. Das Problem ist der Missbrauch durch diejenigen, die könnten, wenn sie sich ein bisschen mehr anstrengen würden. Und hier wird ein großes Dilemma sichtbar: Wer hat zu entscheiden, wem was (an Anstrengung) zuzumuten ist? Entlang des politischen Spektrums gibt es hier zwei Extreme zu beobachten: Die eine Grundeinstellung geht davon aus, dass der Staat oder andere Institutionen relativ früh und relativ umfassend zur Verfügung stehen müssen, um denjenigen behilflich zu sein, die sich nicht aus eigener Kraft versorgen können. Das ist traditionell eher die »linke« Sichtweise. Am anderen Ende des Spektrums steht die traditionell »konservative« Sichtweise, die davon ausgeht, dass dem Einzelnen zunächst einmal eine ganze Menge zugemutet werden muss, bevor der Staat oder andere Unterstützungsinstitutionen aktiv werden dürfen. Letztlich oszilliert der politische Prozess ständig zwischen diesen Polaritäten, und je nach Zeitläufen, Zeitgeist und parlamentarischen Mehrheiten befinden wir uns einmal mehr beim einen oder beim anderen Pol.

Wenn wir uns der individuellen psychologischen Situation zuwenden, ist bezogen auf unser Thema »Beziehungskontrolle durch Manipulation« nicht zu übersehen, dass »ich kann nicht« ein mächtiges Werkzeug der Kontrolle sein kann. Hierzu ein Beispiel:

Im Rahmen eines Organisationsentwicklungsprozesses war ich eingeladen, einen externen Blick auf ein Team innerhalb einer karitativen Großorganisation zu werfen und den Akteuren innerhalb der Organisation zu helfen, ihre Arbeitsbedingungen zu verbessern.

Die Ausgangslage war von einer allgemeinen, aber diffusen Unzufriedenheit gekennzeichnet, die von meinen Auftraggebern folgendermaßen in Worte gefasst wurde: »Alle arbeiten sehr viel, aber haben das Gefühl, es kommt nicht genug dabei heraus.« Ein Satz, der zunächst nicht einmal die Richtung ahnen lässt, in der das Problem wohl zu suchen sei.

Beim ersten gemeinsamen Meeting der Leitungsebene (acht von insgesamt elf Personen waren anwesend, die anderen waren an diesem Tag krank oder im Urlaub) mit mir fiel mir schon nach kurzer Zeit auf, welch merkwürdiger »Wattebauschton« untereinander gepflegt wurde. Probleme wurden eher »diplomatisch« umschrieben als klar benannt; jede Form der Ansprache, die nur im Entferntesten eine persönliche Konfrontation enthalten könnte, wurde sorgsam vermieden, und ich hatte bis in mein Körpergefühl hinein den Eindruck, mich in einem sorgfältig abgedeckten Minenfeld zu bewegen, wo dicht unter der sicher scheinenden Oberfläche der alltäglichen Kommunikation eine Menge Sprengstoff lauerte. Ich fühlte mich schon nach einer Stunde Sitzung muskulär so angespannt wie sonst eigentlich nie. Gleichzeitig gab es quasi einen Joker, der jede Problemanalyse sofort im Keim ersticken konnte: der Satz »Ich (oder meine Abteilung, mein Verantwortungsbereich) kann das nicht« oder »Mitarbeiter/in XY kann das nicht« beziehungsweise »Das können wir XY nicht zumuten«.

Die Organisation fühlte sich einem christlichen Leitbild verpflichtet, das auch ausdrücklich ausformuliert vorlag und zum Beispiel von jedem neuen Mitarbeiter als Bestandteil des Arbeitsvertrags per Unterschrift anerkannt werden musste. Dieses Leitbild war von einer hohen ethischen Gesinnung getragen; als einer der wichtigsten Werte in diesem Leitbild galt die unbedingte Fürsorge für die Schwachen und Hilflosen. Das Problem war aber mittlerweile, dass daraus ein Tabu entstanden war, ohne dass es den beteiligten Akteuren wirklich bewusst gewesen wäre. Wenn jemand als »schwach und hilflos« deklariert war, galt es geradezu als unanständig, wenn man von diesem Menschen zum Beispiel etwas forderte. Die Zuschreibung von Hilflosigkeit führte faktisch dazu, dass der oder die »Hilflose« das jeweilige Beziehungsgeschehen völlig kontrollieren konnte.

Wenn ein solches Tabu zur unbewussten Grundausstattung einer Organisation gehört, führt das regelhaft zu sowohl berechenbaren als auch fatalen Folgen: Im Bereich des Tabus darf nämlich nicht mehr diskutiert werden, und es dürfen keine Fragen von der Art »Ist das denn wirklich so?« gestellt werden. Im bekannten Andersen-Märchen von des Kaisers neuen Kleidern ist diese Dynamik sehr schön dargestellt: Der Kaiser ist nackt, aber das auszusprechen ist vollkommen tabuisiert, bis ein Kind, das das ganze Spiel gar nicht versteht, schließlich die Wahrheit ausspricht. Im Falle der Organisation, die ich beraten hatte, war die Schwierigkeit für den Berater die, die eigene Beobachtung in einer Weise auszusprechen, dass er nicht durch den damit verbundenen Tabubruch sofort des Platzes verwiesen wurde. Das geschieht häufig, wenn solche im Unterbewussten der Organisation verankerten Tabus angekratzt werden.

In einem längeren, über Phasen durchaus mühseligen Prozess ist es gelungen, das Problem in das Bewusstsein der Akteure zu bringen: in diesem Fall über die sorgfältige Analyse der organisationsinternen Vorstellungen über Hilflosigkeit und Hilfsbedürftigkeit, den Unterschied zwischen Konfrontation, Aggressivität und Destruktivität und ähnliche Themen. Schließlich wurden Kriterien erarbeitet, die den »Joker Hilflosigkeit« durch nachvollziehbare Beurteilungsmaßstäbe ersetzen und festlegen, was wem in welchem Umfang zuzumuten sei, welche Hilfen es gibt usw. Das irrationale Tabu war ersetzt worden durch ein Handlungsrational, dessen Bewährung man im Alltag überprüfen konnte. Gleichzeitig wurde die Aufgabe fokussiert, wie respektvolle Kommunikation unbequemer Inhalte innerhalb der Organisation erfolgen kann.

In diesem Beispiel war die gute christliche Botschaft der Pflicht zum Schutz der Schwachen unter der Hand zu einem Mittel der Manipulation geworden. Dabei ist es für mich sehr interessant, dieses Beispiel einmal im Licht einer biblischen Heilungsgeschichte zu betrachten.

»Ich kann nicht«
und das richtige Helfen

Im Johannesevangelium (Joh. 5,1–18) steht eine Heilungsgeschichte, nach deren Ort der Handlung viele kirchliche Krankenhäuser benannt sind. Es geht um die Geschichte der Heilung des Kranken vom Teich Bethesda.

Auf den ersten Blick sieht die Geschichte aus wie die einer »zaubermächtigen« Wunderheilung – das Besondere liegt eher darin, dass diese Heilung an einem chronisch Kranken geschieht mit einer Leidensgeschichte von immerhin 38 Jahren.

Wenn wir uns den inneren Bildern der Geschichte annähern, geschieht hier keinesfalls ein supranaturales Wunder durch einen mit magischen Kräften begabten Gottessohn. Vielmehr wird deutlich, dass Jesus einen wesentlichen Kern jedes Heilens klar erfasst und weitergegeben hat. Die Geschichte berichtet von einem Teich namens »Bethesda«, dessen Wasser heilkräftig ist – allerdings nur »zu gewissen Zeiten«, wie es wörtlich im Text heißt, dann nämlich, wenn ein Engel das Wasser bewegt. Eine sehr schöne Metapher, die jeder sofort versteht, der Heilungsprozesse begleitet hat – es gibt diesen Moment, »wo der Engel erscheint«, ja tatsächlich. Nur Psychotherapeuten und Patienten, die noch ganz von der Illusion der Machbarkeit aller Prozesse überzeugt sind, verpassen oft den Moment, wo »der Engel das Wasser bewegt«. Sie sind so davon überzeugt, dass es ausschließlich auf die richtige therapeutische Technik ankommt, dass sie diesen Moment paradoxerweise verpassen. Eine therapeutische Alltagserfahrung sagt aber, dass Heilung manchmal nicht »funktioniert«, obwohl man am richtigen Ort, beim richtigen Spezialisten usw. ist. In Zeiten, die noch viel selbstverständlicher religiös waren als unsere Zeit heute – also mehr »rückgebunden« an das Bewusstsein einer größeren Wirklichkeit –, waren sich die Patienten und die Ärzte dieser Tatsache noch deutlicher bewusst: Ob Heilung geschieht, liegt nicht in meiner Macht alleine. Das hebräische Wort »Bethesda« heißt denn auch übersetzt »Haus der Barmherzigkeit«. Hier sagt der Name alles. Umgekehrt wird leider häufiger ein Schuh draus: Ich kann eine Menge dazu beitragen, um Heilung zu verhindern. Wer eine chronische Bronchitis hat und weiter raucht, wer eine Stoffwechselstörung hat und sich weiter falsch ernährt, wer eine Angsterkrankung hat und mit allen Mitteln das Erleben von Angst verhindern will, kann nicht gesund werden, um ein paar Alltagsbeispiele zu nennen.

Doch nun zum chronisch Kranken unserer Geschichte, der wie gesagt seit 38 Jahren (!) leidet. Jesus stellt gleich am Anfang die Gretchenfrage jeder Therapie, die Frage nach der Motivation:»Willst du gesund werden?« Mit anderen Worten, er fragt:»Bist du selbst bereit, aktiv etwas zu tun, um an deiner Genesung mitzuarbeiten?«

Der Patient in der Bibelgeschichte geht auf Jesu' Frage gar nicht ein, er fängt gleich an zu begründen, warum er »nicht kann«: dass er ja keinen hat, der ihn zum Wasser trägt, und sich andere immer vordrängen. Mit anderen Worten: Für den Patienten sind die Starken schuld, dass er, der Schwache, keine Chance im »Haus der Barmherzigkeit« hat.

Wäre Jesus ein Mensch, der bereitwillig anderen die Last abnimmt, statt sie zu ermutigen, selbst aktiv zu sein, würde er spätestens jetzt in die Knie gehen und mit Schuldgefühlen reagieren – der Kranke hätte die Kontrolle über die Beziehung zu Jesus. Hier wird das Manipulationsinstrumentarium, mit dem man unwillige Helfer doch noch rumkriegt, gezeigt – man jammert laut genug beziehungsweise macht dem anderen Schuldgefühle. Dieser »hilft« dann »gerne« – aber nur aus schlechtem Gewissen.

Jesus geht auf den Manipulationsversuch nicht ein, sondern verweist im Gegenteil den Patienten auf seine eigene Potenz, er befasst sich gar nicht mit den angeführten »Ich kann nicht«-Gründen. Er sagt nur einen Satz:»Steh auf, hebe dein Bett auf und geh umher!« Es geht ganz lapidar weiter:»Und alsbald wurde der Mensch gesund, hob sein Bett auf und ging umher.«

Ich kenne diese Szene ganz genau, ich habe sie als Arzt -zigmal erlebt, sowohl mit dem einen Ausgang, wo der Mensch passiv und leidend bleibt, als auch mit dem anderen, der in der Geschichte erzählt wird.

Gerade in der Psychotherapie kommt manchmal der Moment, wo jemand trotz Chronifizierung, trotz langer Leidensgeschichte und ebenso langer Überzeugung, dass er selbst hilflos ausgeliefert sei, plötzlich aufhört zu jammern und beginnt, seinen Weg zu gehen. Ich bin, nebenbei gesagt, immer mehr der Ansicht, dass gute Therapie ihre Hauptaufgabe darin sehen muss, dem Patienten zu ermöglichen, diesen – seinen –Willen zu entwickeln. Wenn der Patient an dem Punkt ist, wo er den Willen gefasst hat, mithilfe seiner Stärken seine Schwächen anzugehen, geht Therapie manchmal leicht wie ein Frühlingsspaziergang in der Sonne. Bei der Krankheit selbst hat sich an diesem Punkt zunächst gar nichts geändert: Der Phobiker hat zu Beginn des Prozesses immer noch Angst, der Depressive ist erst mal immer noch schwermütig. Das Einzige, was sich geändert hat, ist die *Haltung* des Patienten. Er hat begonnen, sich auf die eigenen Beine zu besinnen, und hat es aufgegeben, auf den zu warten, der ihn »zum Wasser trägt«. Der Clou bei der biblischen Heilungsgeschichte ist schließlich der, dass es des »heiligen Wassers« gar nicht mehr bedarf: Es wird nicht berichtet, dass der Kranke sich zum Teich geschleppt hat, es wird nur von »umhergehen« gesprochen.

Die Kontrolle einer Beziehung über die Wahl der Rolle eines oder einer »Hilflosen« gibt es natürlich nicht nur in Organisationen, sondern auch in Alltagsbeziehungen zwischen Einzelnen oder innerhalb einer Familie. So kann ein Familienmitglied, das im Verbund der Familie als schwach und hilflos gilt, im Extremfall das Verhalten aller Mitglieder des Familienverbundes steuern und dadurch eine erstaunliche Macht gewinnen und einen großen Einfluss ausüben. In der klinischen Praxis begegnet einem das sehr oft – etwa bei einer Magersüchtigen, die sämtliche Aufmerksamkeit der Familienmitglieder ständig monopolisiert, weil alle fürchten, sie verhungere demnächst. Oder bei einem depressiven Patienten, der über seine Suiziddrohungen ein ungeheures Machtpotenzial aufbaut: »Wenn ihr nicht dies oder jenes tut oder lasst, werde ich mich umbringen ...« Für die Mitglieder des Familiensystems ist es bisweilen emotional sehr schwierig, sich aus einer solchen Form der Kontrolle zu befreien.

Auf der Ebene von Institutionen oder Interessenverbänden begegnet uns das Phänomen sehr häufig als »victim chauvinism«. Damit ist eine Haltung gemeint, die die eigenen Äußerungen oder Verhaltensweisen deshalb über jede Kritik erhaben sieht, weil man ja zu den Opfern (von wem auch immer) gehört oder historisch gehört hat. Ich habe am eigenen Leib dafür ein Beispiel erlebt, als ich auf einer öffentlichen Veranstaltung Homosexuelle kritisierte, die als »Bareback Riders« promisken Geschlechtsverkehr ohne Schutz durch Kondome als Heldentat des »Gay pride« und der Freiheit angepriesen haben. Wenn man die Infektionswege von HIV kennt, so meine Argumentation, ist das in meinen Augen eine verantwortungslose Haltung gegenüber potenziellen Ansteckungsopfern. Ich wurde sofort beschuldigt, gegen Homosexuelle zu hetzen, und wurde in eine Reihe gestellt mit denjenigen, die Homosexuelle diskriminieren und verfolgen – was ich weder je tat noch vorhabe zu tun. Hier wird der Opferstatus und die Tatsache, dass Homosexuelle ja tatsächlich heftig diskriminiert wurden und werden, benutzt, um die Beziehung zu kontrollieren und bestimmte Fragen oder kritische Äußerungen von vornherein zu verhindern. Dies löst dann bei Leuten, die es trotzdem wagen, eine kritische Frage zu stellen, häufig sowohl Schuldgefühle aus als auch das Unbehagen, das entsteht, wenn man sich in der Rolle des »Täters« wiederfindet. Es braucht eine ziemliche innere Klarheit und ein gewisses Standvermögen, um dieser Manipulation durch den Opferchauvinismus nicht auf den Leim zu gehen.

Fassen wir zusammen:

- Menschen sind in ihrer Entwicklung sehr stark auf die Beziehungen zu anderen Menschen angewiesen.
- Das hat mit der biologischen Frühgeburtlichkeit des Menschen zu tun.
- »Gehirne formatieren einander«: Die Erfahrungen, die

wir in der Begegnung mit relevanten anderen Menschen machen, wirken sich direkt auf die Verarbeitungsstrukturen unseres zentralen Steuerungsorgans aus.

- Es ist daher durchaus verständlich, dass Menschen versuchen, diese relevanten Beziehungen in ihrem Sinne zu kontrollieren.

- Verschiedene Formen der Kontrolle sind die direkte Einflussnahme über Druck, über das Induzieren von Schuldgefühlen, über Angst-Machen oder über die Position der Schwäche.

- Es ist nicht einfach, sich der Kontrolle über diese zum Teil sehr subtil verwendeten Mechanismen zu entziehen.

Memento mori –
Bedenke, dass du sterblich bist!

Während der römischen Triumphzüge nach erfolgreichem Eroberungszug stand hinter dem lorbeerbekränzten Triumphator ein Sklave. »Bedenke, dass du sterblich bist!«, musste der Sklave auf dem Wagen des Eroberers diesem in regelmäßigen Abständen ins Ohr flüstern. Während der Sieger im Triumph durch die jubelnde Menge fuhr, wurde durch den »Flüsterer« die Tatsache der Endlichkeit im Bewusstsein des Triumphators gehalten – welch weises Ritual! Wenn man heute in Rom unter einem der erhaltenen antiken Triumphbögen steht, auf denen die Erfolge eines römischen Feldherrn in Stein gemeißelt wurden, kann man die Vergänglichkeit sozusagen mit Händen greifen: Die Reliefs sind vom Wetter abgeschliffen und teilweise nicht mehr genau zu erkennen.

Kontrollsysteme von der Magie bis zur modernen Naturwissenschaft

Seit es Menschen gibt, also Wesen, die sich ihrer selbst bewusst sein können, gibt es auch die Erkenntnis, dass die Kontrolle über Leben und Tod nicht in unserer Hand liegt. Allein das Bewusstsein der eigenen Sterblichkeit ist eine Bürde, der Menschen zu entkommen suchen, seit es sie gibt. Die Palette der Methoden, mit denen diese Fluchtversuche unternommen werden, ist sehr breit und fantasievoll. Das reicht vom schlichten Verleugnen und Verdrängen über eine große Vielfalt religiöser Praktiken bis zur modernen Naturwissenschaft. Interessanterweise kann man die verschiedenen Spielarten, die historisch zu unterschiedlichen Zeiten entstanden sind, heutzutage alle noch auf dem Globus beobachten. Dabei gibt es natürlich kulturelle und geografische Schwerpunkte; aber es ist keineswegs so, dass etwa schamanistische Praktiken eine Sache ferner Vergangenheit wären. Im Gegenteil, es gibt heute mitten in den westlichen Industrieländern einen modernen Neo-Schamanismus, der sich von seinen jahrtausendealten Vorläufern nicht wesentlich unterscheidet.

Auf den ersten Blick haben magische Beschwörungsformeln und ein modernes DNA-Labor nichts miteinander gemeinsam. Wenn man aber den Aspekt der Kontrolle beziehungsweise des Versuchs der Kontrolle über das Leben schlechthin als Ausgangspunkt der Betrachtungen nimmt, gibt es erstaunlich viele Ähnlichkeiten. Diese liegen weder in der jeweils zugrunde liegenden Weltsicht noch in der Methodik, die angewandt wird. Es geht vielmehr um das Ziel: Und da unterscheidet sich Magie von Naturwissenschaft nicht sehr, auch wenn ein moderner Naturwissenschaftler diese Aussage vermutlich vehement bestreiten würde.

Beginnen wir mit der Magie. Magische Rituale sind bis in die Steinzeit nachweisbar. Dabei geht es immer um die Beeinflussung von Naturphänomenen oder anderen Lebewesen mit rituellen Mitteln. Magie setzt voraus, dass der Magier oder seine Anhänger glauben, bestimmten Kräften ausgesetzt zu sein, die eine starke Macht über sie ausüben. Aber: Sie können diese Kräfte beeinflussen, und zwar durch die Kraft ihres eigenen Bewusstseins. Dieses wird durch die magischen Rituale kanalisiert und zur Wirkungsentfaltung gebracht. Die Kräfte, die beeinflusst werden sollen, werden nicht selten als eigene Wesenheiten definiert (zum Beispiel als Geister oder Dämonen).

Der magisch handelnde Mensch glaubt nun, dass er durch die Durchführung bestimmter Rituale und Beschwörungen diese Kräfte bannen, freisetzen oder in die gewünschte Richtung lenken kann. Dabei ist in der Regel von Bedeutung, dass es nur eine bestimmte Schicht oder Kaste von Menschen gibt, die das Wissen über die magischen Rituale besitzen und nur nach festgelegten Regeln weitergeben dürfen, zum Beispiel in einem Initiationsritus für die Adepten der Magie.

Vor vielen Jahren wurde ich einmal Zeuge einer solchen magischen Handlung; dabei ging es um eine schizophrene Frau in einem afrikanischen Dorf. Dazu muss man wissen, dass Schizophrenie die einzige psychiatrische Diagnose ist, die man quasi kulturunabhängig stellen kann. Die Erscheinungsformen der Schizophrenie findet man in allen Kulturen der Welt, während andere psychische Störungen häufig sehr kulturabhängig sind, bis hin zu dem Phänomen, dass bestimmte Erkrankungen, die es in westlichen Industrieländern gibt, in ländlichen Kulturen anderer Entwicklungsstufen gar nicht vorkommen. Auch dieser ethnopsychiatrische Befund weist auf die enorme menschliche Bindungs- und Beziehungsabhängigkeit des menschlichen Geistes und seines Zentralorgans hin. Unser Gehirn, seine normale Funktionsfähigkeit oder seine Störungen, ist nicht anders als im sozialen Feld zu verstehen. Dass die Schizophrenie überall sehr ähnlich aussieht und auch in ähnlicher Häufigkeit weltweit vorkommt (0,5 bis 1,0 Prozent, wobei es auch hier geringfügige Unterschiede innerhalb bestimmter Bevölkerungsgruppen gibt), weist darauf hin, dass es sich wohl tatsächlich um eine »Organkrankheit des Gehirns« handelt, die verhältnismäßig wenig von der psychosozialen Situation der Betroffenen abhängt. Das letzte Wort vonseiten der Forschung ist aber auch hier noch lange nicht gesprochen.

Zurück zum Ritual der Heilung. Die Frau von Anfang 40, die schon mehrere heftige Schübe der Erkrankung gehabt hatte, war aufgefallen durch vermehrte Anspannung, innere Unruhe, offensichtliche starke Angst und Unfähigkeit, ihren Pflichten im Rahmen ihrer Familie nachzukommen. Der Schamane des Dorfes leitete daraufhin ein Heilungsritual ein, das sich insgesamt über mehrere Tage hinzog – wobei die eigentlichen rituellen Handlungen immer nur eine begrenzte Zeit pro Tag in Anspruch nahmen. Für meine quasi »außen stehende«, westlich geprägte Wahrnehmung lösten die Rituale einerseits Ekel aus: Ein Huhn wurde rituell geschlachtet, das Blut auf die Stirn der Kranken gestrichen, bestimmte Federn mit dem Blut festgeklebt usw. Das Ganze fand immer unter Beteiligung der ganzen Dorfgemeinschaft statt – eine genau gegenteilige Bewegung wie etwa bei uns, wo schizophren Erkrankte seit dem 19. Jahrhundert eher an Orten untergebracht werden, die von der Gemeinschaft abgesondert sind. Andererseits übten die Rituale eine seltsame Faszination aus: Unzweifelhaft ging von dieser ritualisierten Behandlung eine wahrnehmbare Kraft aus, die auch für den Beobachter spürbar gewesen ist.

Am überraschendsten war für mich, dass die »magische Therapie« wirksam gewesen ist – in dem Sinne, dass die Patientin nach Durchlaufen dieser Zeit (die Rituale zogen sich insgesamt über drei Tage) deutlich weniger angespannt und ängstlich war und auch ihren Aufgaben wieder nachkommen konnte. Der Magier würde diesen Effekt ganz selbstverständlich seinen magischen Ritualen zuschreiben; ich dachte eher, dass das, was wirkt, zu tun hat mit der Tatsache, dass diese Frau im Mittelpunkt der Aufmerksamkeit ihres Dorfes gestanden hatte. Sie hat ein Maximum an menschlicher Zuwendung erhalten, dazu noch im Rahmen eines für diese Dorfgemeinschaft geheimnisvollen und wohl auch heiligen Rituals. Man kann, nebenbei gesagt, an diesem Beispiel sehr gut zeigen, wie relativ auch »wissenschaftliche« Erklärungen sind: Je nach dem Bezugsrahmen, den man als »wirklich« annimmt, hat entweder der Magier recht oder der Beobachter mit seiner westlichen Wissenschaft. Die »Wahrheit« an sich gibt es nicht – sie ist kontextabhängig, in diesem Fall vom Kontext des Denk- und Glaubenssystems, in dem wir uns bewegen. Wenn wir den magischen Bezugsrahmen betrachten, so dient die Magie der Kontrolle bestimmter Kräfte, die einerseits als sehr mächtig, andererseits als sehr schwer kontrollierbar wahrgenommen werden. In einer vorwissenschaftlichen Zeit war die Magie das Instrument, mit dem die Weisen einer Gemeinschaft versuchten, das Maß an Unkontrollierbarkeit zu verringern. Unabhängig davon, ob es sich um magische Rituale zur Krankheitsvertreibung, zur Regengewinnung oder um formalisierte Rituale um ein bestimmtes Ereignis herum handelt, wie zum Beispiel bei der Taufe oder der Hochzeit, haben Rituale immer einen wichtigen Effekt: Sie geben einer Gemeinschaft von Menschen Struktur und Ausrichtung, und sie erzielen ein Gefühl des Aufgehobenseins, weil die Rituale bekannt und altvertraut sind. In der Gemeinschaft, in der die Rituale ausgeübt werden, sind sie außerdem in der Regel seit Generationen tradiert.

Angstminderung durch Rituale

Mit anderen Worten: Rituale geben Struktur und sind damit angstmindernd. Allein schon das Versprechen, durch die magische Handlung werde die unkontrollierbare Gefahr gebannt, wirkt beruhigend – solange ich daran glaube, dass dieses Versprechen wahr wird. Der biblische Satz vom »Glauben, der Berge versetzen kann« (erster Korintherbrief 13,2), beschreibt ja den zutreffenden Umstand, dass das, was für mich subjektiv wahr ist, eine enorme tatsächliche Wirkkraft besitzt. Mit dieser Tatsache arbeiten zum Beispiel viele Entspannungs- und Imaginationstechniken. Auch ein moderner Befund aus der Therapieforschung weist in dieselbe Richtung: Wenn Arzt und Patient die Überzeugung teilen, dass die angewandte Therapie wirksam und hilfreich ist, ist das ein eigenständiger starker Wirkfaktor für die Heilung. Das bedeutet im Klartext, dass auch eine in den Augen der Wissenschaft völlig sinnlose Maßnahme Heilkraft entwickeln kann, vorausgesetzt, der Heiler und der Heilungssuchende teilen die Überzeugung, dass diese Maßnahme hilft. Hier ist vermutlich auch die psychologische Wurzel des sogenannten Placeboeffekts zu suchen.

Magie kann sich der verschiedensten Systeme bedienen. Das geht von der Kenntnis der »verborgenen Kraft« der Sterne und Gestirnskonstellationen in der Astrologie bis zum Einsatz bestimmter Kräuter in festgelegten Zubereitungsritualen bestimmter alternativer Medizinsysteme, von der Beschwörung der Geister oder der toten Ahnen in Trance bis zur Verwendung von Talismanen, denen eine bestimmte Wirkung oder Schutzkraft zugeschrieben wird. Wenn man sich aufmerksam umblickt, ist auch die moderne Welt voller Reste magischen Denkens: Das reicht vom Horoskop in der Zeitung bis zum Amulett, das die Oma ihrer Enkelin zur Kommunion schenkt und das diese beschützen soll.

Wenn wir die moderne Naturwissenschaft betrachten, sieht es so aus, als sei deren Herangehensweise in jeder Hinsicht das Gegenteil des magischen Vorgehens. Naturwissenschaft basiert auf rationalem Denken, auf dem Experiment und auf der grundsätzlichen Falsifizierbarkeit einer These durch experimentelle Erfahrung. Außerdem ist sie in gewisser Weise grundsätzlich »demokratischer« als alle magischen Praktiken: Die Methodik der Naturwissenschaften ist offen und veröffentlicht, ihre Ergebnisse sind für jedermann überprüfbar und der kritische Diskurs ist geradezu eines ihrer Konstitutionsmerkmale. Der bemerkenswerteste Unterschied ist sicherlich die Reproduzierbarkeit der Ergebnisse. Wenn einmal ein wissenschaftliches Gesetz als gültig erkannt worden ist, kann man nicht nur verstehen, nach welchen Gesetzmäßigkeiten das entsprechende Naturphänomen, auf das sich das Gesetz bezieht, abläuft, sondern man kann sich dieses Wissen sogar zunutze machen, um Dinge in der Zukunft verlässlich vorherzusagen (zum Beispiel den Planetenstand zu einem bestimmten Datum in der Zukunft oder den Zeitpunkt, wann von einem Klumpen radioaktiven Materials die Hälfte sich in Strahlung aufgelöst haben wird). Außerdem kann man dann Maschinen bauen, die auf diesem Wissen basieren und zuverlässig funktionieren.

Der Quantensprung in der Naturbeherrschung von der Magie zur modernen Naturwissenschaft ist gewaltig, und er hat uns eine Menge Bequemlichkeiten im Alltag durch die Entwicklung der Technik im modernen Sinne beschert. Er hat allerdings auch zu einem Denken geführt, das ich für fatal halte: nämlich die Idee, es sei nur eine Frage der Zeit, bis wir uns des Geheimnisses des Lebens und damit des Sterbens so weit bemächtigt haben werden, dass die Unkontrollierbarkeit, die wir erfahren, seit es Menschen gibt, beseitigt sein wird.

Bei nüchterner Betrachtungsweise hat die Naturwissenschaft der letzten 400 Jahre lediglich die Grenzen dessen verschoben, was wir beeinflussen können beziehungsweise nicht beeinflussen können – das allerdings zum Teil erheblich. Wenn man bedenkt, welche Prozesse heute von Menschen gesteuert werden können, die vor zwei Generationen noch nicht einmal verstanden worden waren, kommt man aus dem Staunen nicht mehr heraus. Allein die Geschichte der Medizin ist voll von solchen Triumphen der Wissenschaft. Einer meiner ersten Eindrücke als junger Assistenzarzt in der Unfallchirurgie war eine Patientin, die im Alter von 101 Jahren (!) gestürzt war und sich den

Schenkelhals gebrochen hatte. Sie wurde bei uns operativ mit einem künstlichen Hüftgelenk versorgt und verließ nach erfolgter Genesung das Krankenhaus auf ihren eigenen Beinen. Mein damaliger Oberarzt meinte geradezu andächtig: »In meiner Jugend wäre eine solche Patientin unweigerlich gestorben, weil wir sie nicht mehr hätten mobilisieren können.« Diese Geschichte ereignete sich im Jahr 1980, und eine Generation zuvor war die Operation, die der alten Frau das Gehen wieder ermöglicht hat, noch kein Standard in solchen Fällen.

Die Verschiebung der Grenzen ist nicht deren Aufhebung

All diese Erfolge können aber nicht darüber hinwegtäuschen, dass die Grenzen des Machbaren durch die Wissenschaft zwar verschoben, aber nicht aufgehoben worden sind. Es kommt mir manchmal so vor, als sei die Beschwörung des wissenschaftlichen Fortschritts ihrerseits ein modernes magisches Ritual, was der Illusion der Kontrolle Vorschub leisten und die Angst reduzieren helfen soll. Der Glaube an die Wissenschaft, der in weiten Teilen an die Stelle des Glaubens an die Magie getreten ist, hat weitreichende Konsequenzen. So haben die Naturwissenschaften begonnen, immer mehr die Wahrnehmung von »Wissenschaft« schlechthin zu monopolisieren. Wissensgebiete, die keine naturwissenschaftliche Methodik vorweisen können, geraten an den Rand. Das zeigt sich in der Schließung ganzer geisteswissenschaftlicher Zweige an den Universitäten und am Verhältnis, in dem öffentliche Mittel für Wissenschaft verwendet werden. Es fließen enorme Mittel in den wissenschaftlich-industriellen Komplex, während Wissensgebiete, die sich diesem Bereich nicht zuordnen lassen, häufig eher stiefmütterlich behandelt und im öffentlichen Diskurs heute eher abwertend erwähnt werden. ¶Man könnte sagen, dass die Naturwissenschaften der ultimative Kontrollversuch des Menschen über die Natur sind. Dank ihrer Erfolge füttern sie permanent die Idee, diese Kontrolle könnte eines Tages total sein, und der Traum vom ewigen Leben, der ewigen Jugend und einer Existenz, die frei ist von Krankheit und Sorgen, könnte endlich in Erfüllung gehen. ¶Dieser Traum entwickelt eine starke visionäre Kraft, und bei jeder wissenschaftlichen Innovation wird er mit großer Vehemenz beschworen. Das war so, als Christiaan Barnard 1967 das erste menschliche Herz transplantierte und als es erstmals gelang, Stammzellen zu züchten. Auch anlässlich der vollständigen Entschlüsselung des menschlichen Genoms ertönt die Hymne von der völligen Kontrolle über Leid und Elend (die dann, nebenbei bemerkt, im politischen Raum und bei der Wirtschaft dazu dient, neue Forschungsmittel einzuwerben). Es ist verblüffend, wie kleinste methodische Fortschritte in der Gentechnologie in der Öffentlichkeit so dargestellt werden, als wäre man kurz vor der Lösung großer Menschheitsprobleme wie etwa der Altersdemenz. Dass das funktioniert, wird nur verständlich auf dem Hintergrund des gewaltigen Versprechens: Eines Tages wird die Wissenschaft die Kontrolle ermöglichen über alles, was uns bedrängt und heute (noch) jenseits unserer Kontrollmöglichkeiten liegt. Das Heilsversprechen ist ein Versprechen über das Ende der Ungewissheit und das Ende des Ausgeliefertseins.

Es war deshalb für die Naturwissenschaft selbst eine durchaus kritische Situation, als mit der modernen Quantenphysik erstmals so etwas wie der »Zufall« wieder in die Wissenschaft zurückkehrte. Dass die strikten Ursache-Wirkungs-Zusammenhänge der klassischen physikalischen, chemischen und biologischen Weltbilder plötzlich nicht immer und überall gelten und stattdessen mit statistischen Wahrscheinlichkeiten gerechnet werden muss, sorgte für einen Bruch im bis dahin geschlossenen Weltbild moderner Naturwissenschaften. Noch Einsteins berühmtes Diktum »Gott würfelt nicht« drückt die Überzeugung aus, dass alle Phänomene im Himmel und auf Erden letzten Endes mit dem klassischen Ursache–Wirkungs–Denken verstanden werden können. Immerhin hat sich in den letzten 100 Jahren innerhalb der Naturwissenschaften die Erkenntnis etabliert, dass es so einfach linear, wie wir es gerne hätten, halt doch nicht überall zugeht in der Welt.

Die Bedeutung der Religion

Wenn wir die Polaritäten der Magie einerseits und der modernen Wissenschaft auf der anderen Seite betrachten, ergibt sich fast von selbst die Frage, welcher Stellenwert denn den Religionen bezüglich unserer Frage nach der Illusion der perfekten Kontrolle zukommt. Dienen sie, wie Marx meinte, der Betäubung und wären damit einzuordnen in die Kategorie »Verdrängen und Verleugnen«? Oder sind sie vielleicht in der Lage, eigenständige Antworten zu geben auf die Fragen der Kontrolle des Lebendigen, der existenziellen Angst und der Sterblichkeit des Menschen?

Beides stimmt. Ich möchte mich hier den Formen von Religiosität zuwenden, die eher der Betäubung dienen. Im Kapitel »Der Gegenpol zur Kontrolle: Vertrauen« gehe ich ausführlicher auf eine Religiosität ein, die das Problem nicht ignoriert und auch nicht wegzuphilosophieren versucht. Es gibt allerdings eine Form der Religiosität, in der es sehr massiv um Kontrolle geht. Ich meine alle eher dogmatischen und fundamentalistischen Richtungen von Religion. Es spielt dabei keine Rolle, ob wir von christlichem, muslimischem oder anderem Fundamentalismus reden; die psychologischen Merkmale fundamentalistischer Weltsicht sind immer dieselben. Das Wichtigste dieser Merkmale ist ein bestimmtes Bündel von Glaubenssätzen oder Sätzen über die Wirklichkeit, die absolut gesetzt werden und nicht hinterfragbar sind. Damit schaffen fundamentalistische Weltsichten vermeintlich ein hohes Maß an Sicherheit und Verlässlichkeit. Die Unwägbarkeiten der oft widersprüchlichen wahrnehmbaren äußeren Wirklichkeit werden mit einem Federstrich beseitigt. Es spielt dabei keine Rolle, ob es um die Allmacht Gottes geht, der sich beliebig über Naturgesetze hinwegsetzen kann, um die wortwörtliche Auslegung der Schöpfungsgeschichte oder um den Grundsatz, dass ins Paradies kommt, wer im »Heiligen Krieg« fällt. Entscheidend ist die innere Gewissheit, die der Fundamentalist bekommt, wenn er den jeweiligen Glaubenssatz akzeptiert. Fundamentalismus ist damit gewissermaßen geistiges Panzerfahren: sehr sicher, weil massiv gepanzert. Widerstände in der Landschaft spielen eine geringe Rolle, weil die Panzerketten stark genug sind, diese einfach niederzuwalzen. Allerdings ist die Sicht auf die Umgebung auch stark eingeschränkt: Es gibt nur einen Sehschlitz statt eines Panoramafensters.

Fundamentalistische Weltsichten helfen auch, eine allgegenwärtige Quelle der Erfahrung von mangelnder Kontrolle im Leben zu beseitigen: die Widersprüchlichkeit der Welt. Es ist eine Alltagserfahrung, dass die Welt aus Widersprüchen und Gegensätzlichkeiten aufgebaut ist. In uns erleben wir, dass Ambivalenz (beispielsweise bezüglich Wünschen und Zielen) eher der Normalfall als die Ausnahme ist. Wir haben Bedürfnisse, die einander entgegengesetzt sind, zum Beispiel das Bedürfnis nach Individuation und das Bedürfnis nach Zugehörigkeit, und wir sind täglich gezwungen, aktiv mit dieser Widersprüchlichkeit umzugehen.

Fundamentalistische Weltsichten, egal ob religiöser oder politischer Natur, haben es an sich, dass sie alle Phänomene aus einer Wurzel erklären und ein widerspruchsfreies Weltbild anbieten – eine große Verführung für Menschen, die mit der Vielgestaltigkeit und Widersprüchlichkeit des Alltags und der Welt nicht gut zurechtkommen. Wer bereit ist, die jeweiligen Bretter zu akzeptieren, die eine fundamentalistische Religion oder politische Philosophie ihren Anhängern vor den Kopf nagelt, bekommt im Gegenzug ein hohes Maß an Sicherheit, Verlässlichkeit und nicht zuletzt eine gute Portion Zugehörigkeitsgefühl – zu jenen nämlich, die dieselbe fundamentalistische Weltsicht teilen.

Ein weiteres Merkmal dieser Art, die Welt zu sehen, ist die Nichtkorrigierbarkeit durch Fakten. Wer schon einmal versucht hat, ernsthaft mit einem Angehörigen einer christlich-fundamentalistischen Richtung oder einem linken oder rechten politischen Sektierer zu diskutieren, kennt die frustrierende Erfahrung, dass selbst offensichtliche Fakten, die im Widerspruch zur Behauptung der jeweiligen fundamentalistischen Weltsicht stehen, an diesem abprallen. Es werden eher die abenteuerlichsten geistigen Kapriolen vollführt, als die eigenen Dogmen infrage gestellt. In Bertolt Brechts Theaterstück »Leben des Galilei« wird das wunderbar dargestellt in der Szene, als Galilei seine Gäste, den Philosophen, den Mathematiker und den Theologen, auffordert, durch sein Fernrohr zu schauen und sich mit eigenen Augen ein Bild zu machen von den beobachtbaren Fakten am Himmel. Es entwickelt sich ein wunderbar abgehobener gelehrter Disput, in dem die Herren argumentativ beweisen, dass nicht sein kann, was nach der alten Lehre des Aristoteles nicht sein darf. Bis zum Schluss weigern sie sich, die beobachtbaren Fakten zur Kenntnis zu nehmen – das ist Fundamentalismus. Lebendige Formen von Religion ignorieren die Widersprüchlichkeit der Welt nicht, sondern machen sie im Gegenteil zum Thema und versuchen Antworten zu finden, die mit der wahrnehmbaren menschlichen Wirklichkeit nicht im Widerspruch stehen beziehungsweise ein Vorgehen anbieten, das es erlaubt, mit diesen Widersprüchen aktiv umzugehen. Ich werde darauf später noch ausführlicher eingehen.

Fassen wir zusammen:

- Gelehrte haben zu allen Zeiten versucht, die Kontrolle über die Unwägbarkeiten der Natur mithilfe von Wissen zu erlangen.
- In frühesten Menschheitstagen wurden magische Praktiken entwickelt, die dadurch gekennzeichnet sind, dass mit rituellen Mitteln und dem eigenen Bewusstsein eine Verbindung zu den Kräften hergestellt wird, die uns bestimmen.
- Die moderne Naturwissenschaft hat die magischen Praktiken durch eine rationale, überprüfbare Methodologie ersetzt.
- Das Versprechen, die Natur kontrollieren zu können, ist dabei mit jedem praktischen Erfolg der Naturwissenschaft erneuert und vergrößert worden.
- Tatsächlich erfolgte immer nur eine Verschiebung der Grenzen: Das grundsätzliche Ziel der Kontrolle über das Leben selbst ist nicht erreicht.
- Auch bestimmte Formen von Religiosität, nämlich die fundamentalistischen Varianten religiösen Glaubens, sind darauf ausgerichtet, vollkommene Kontrolle zu suggerieren – um den Preis der Leugnung wesentlicher Aspekte der wahrnehmbaren äußeren Wirklichkeit.

Exkurs: Archetypen der Kontrolle

Mythen, Legenden, Sagen und Märchen stellen oft grundlegende Themen der menschlichen Existenz in einer bilderreichen oder gleichnishaften Sprache dar. Deshalb schätze ich sie und möchte gerne drei Beispiele anführen, die als Archetypen der Kontrolle gelten können. Wir schauen einmal nach, was in diesen archetypischen Geschichten über Kontrolle und deren Schattenseiten ausgesagt wird.

Der erste Mythos, um den es mir geht, ist die Legende vom König Ödipus. Dabei interessiert mich in unserem Zusammenhang nicht die Inzestgeschichte, von der der berühmte »Ödipuskomplex« seinen Namen hat, sondern der Beginn der Geschichte, wo der Vater des Ödipus versucht, sein Schicksal zu kontrollieren. Die Geschichte erzählt von Laios, dem König von Theben, der mit Iokaste in kinderloser Ehe lebt. Da er sich sehnlichst einen Erben wünscht, geht er nach Theben, um das Orakel zu befragen. Er erhält die Auskunft, dass er einen Sohn haben wird, durch dessen Hand er sterben wird – als Sühne für eine Verfehlung, die er, Laios, in seiner Jugend begangen hatte. Damals hatte er auf der Flucht aus der Heimat bei König Pelops Aufnahme gefunden, sich diesem gegenüber aber undankbar gezeigt und versucht, seinen Sohn zu entführen.

Laios versucht nun, sein Schicksal zu kontrollieren und dem Orakelspruch zu entgehen. Zunächst trennt er sich von seiner Frau, kommt aber später mit ihr wieder zusammen, sie wird schwanger und bekommt einen Sohn, Ödipus. Das Paar beschließt, diesen am Berge Kithäron mit durchstochenen und zusammengebundenen Fersen auszusetzen. Der Hirte, der den Neugeborenen derart grausam behandeln sollte, empfand Mitleid und übergab ihn unversehrt einem anderen Hirten im Gebirge – dieser wiederum gab ihn in die Obhut des seinerseits kinderlosen Königs Polybos von Korinth, der Ödipus wie einen eigenen Sohn aufzog. Der Rest ist bekannt: Der herangewachsene Ödipus wird bei einer zufälligen Begegnung auf einem Kreuzweg vom Wagen des Laios angefahren und von dessen Wagenlenker geschlagen. Er wehrt sich und tötet im Streit seinen eigenen Vater, wie das Orakel prophezeit hatte. Hier gibt es eine merkwürdige Dichotomie zwischen Kontrolle und der Unmöglichkeit, sie auszuüben. Auf der einen Seite ist durch den Orakelspruch der Weg des Schicksals klar vorgezeichnet. Es gibt keine Freiräume dafür, dass die Dinge anders geschehen könnten, als vom Orakel vorhergesagt. Gleichzeitig versucht der betroffene König Laios, alles zu tun, damit das vorhergesagte Ereignis nicht eintreten kann – er übt die maximale Kontrolle aus, die ihm möglich ist. Man kann die Geschichte nun so lesen, dass es sehr wohl Gesetzmäßigkeiten gibt, die auch absolut verbindlich sind; aber die Mächte, die diese Verbindlichkeit garantieren, unterliegen nicht der menschlichen Verfügung. Selbst ein Kontrollversuch, der um der Kontrolle willen alle ethischen Normen sprengt, führt nicht zum Erfolg – das Gesetz des Schicksals, im griechischen Mythos durch die Götter verkörpert, ist stärker. Obwohl König Laios so weit geht, gegen alle Normen zu verstoßen, die auch im klassischen Griechenland für den Umgang von Eltern mit ihren Kindern galten, entkommt er seinem Schicksal nicht.

Im zweiten Beispiel eines Kontrollarchetyps werfen wir einen Blick in ein deutsches Volksmärchen: »Schneewittchen«. Auch hier wird die Geschichte eines vergeblichen Kontrollversuchs erzählt. Die Stiefmutter des schönen Schneewittchens wird im Märchen als sehr schöne Frau geschildert, die aber »stolz und übermütig war und nicht leiden konnte, dass sie an Schönheit von jemand sollte übertroffen werden«. Ihr Zauberspiegel, der ihr bisher immer bestätigt hatte, dass sie die Schönste im Lande sei, antwortet eines Tages, als die Tochter herangewachsen war, Schneewittchen sei schöner als sie. Darauf befiehlt sie neidzerfressen einem Jäger, das Kind im Wald umzubringen und ihr Lunge und Leber als Beweis des Mordes zu bringen. Der Jäger hat – ähnlich wie im Ödipusmythos – Mitleid mit dem unschuldigen Kind, täuscht die Königin mit den Organen eines Frischlings und lässt Schneewittchen entkommen. Diese findet Unterschlupf bei den Zwergen. Der Zauberspiegel verrät das der neidischen Königin, und sie plant neue Mordanschläge, von denen einer schließlich zum Erfolg führt – Schneewittchen wird vergiftet. Auf wundersame Weise wird sie wieder zum Leben erweckt, und die böse Stiefmutter muss schließlich kapitulieren und akzeptieren, dass »die junge Königin« schöner ist als sie – am Schluss des Märchens muss sich die neidische Stiefmutter in rot glühenden Schuhen zu Tode tanzen.

In diesem Märchen wird ein narzisstisches Kontrollmotiv behandelt: der zehrende Wunsch, immer jung und schön bleiben zu können. Die Königin ist bereit, über die Leiche ihrer eigenen Stieftochter zu gehen, um die Schönste im Land bleiben zu können, und doch hat sie gegen den natürlichen Lauf der Dinge keine Chance – sie altert, während die junge Königin erblüht. Dieses Motiv spielt in der heutigen Zeit eine große Rolle, und ganze Industriezweige leben von der Idee des »forever young« – von den Herstellern der diversen »Anti Aging«-Kosmetika bis zur kosmetischen Chirurgie. Ganz nebenbei wird im Märchen die Dynamik des Neides sehr anschaulich dargestellt: Neidaffekte können sich extrem destruktiv auswirken. Neid zerstört lieber, als damit zu leben, dass eine andere etwas hat, was man selbst nicht hat, aber doch so verzehrend gerne hätte ...

Der Archetypus der Kontrolle schlechthin ist für mich die biblische Figur des Herodes. Er begegnet uns in der Geburtsgeschichte Jesu im Matthäusevangelium (Math. 2,6 ff.). Als er von den Weisen aus dem Morgenland hört, dass der »Herzog, der über mein Volk Israel ein Herr sei« (gemeint ist der neugeborene Jesus), in Bethlehem geboren sei, lässt er alle männlichen Neugeborenen in diesem Ort ermorden, um keinen Konkurrenten um seinen Thron fürchten zu müssen. Auch hier nützt selbst der ultimative Kontrollversuch durch Massenmord und Totschlag nichts. Dem Joseph erscheint im Traum ein Engel, der ihm sagt, dass er Mutter und Kind nehmen und fliehen soll. Die Heilige Familie kann nach Ägypten entkommen, wo sie bleibt, bis Herodes gestorben ist, und die Wirkgeschichte Jesu kann beginnen. Der Engel steht hier für eine Kraft, die stärker ist als die pure Macht des Königs: die Intuition (siehe Kapitel »Die Kraft des Loslassens«).

Allen archetypischen Geschichten ist gemeinsam, dass ihre Protagonisten bereit sind, jedes menschliche Maß zu vergessen, wenn sie nur die Kontrolle behalten können. Sie sind sogar bereit, die eigenen Kinder zu töten, wie bei Laios oder Schneewittchens Stiefmutter, oder sie lassen gleich eine ganze Generation umbringen, wie bei Herodes.

Die Übertreibungen und grotesken Extreme, die in diesen Geschichten geschildert werden, zeigen eines deutlich: Der Wunsch nach Kontrolle kann so übermächtig werden, dass er über alle anderen menschlichen Motive dominiert. Diese Wahrheit lässt sich im wirklichen Leben überall dort beobachten, wo ein System versucht, sich selbst allein über perfekte Kontrolle am Leben zu erhalten. So weisen zum Beispiel alle Diktaturen in der Geschichte, egal welcher politischen Couleur, genau diese Dynamik auf: Der Kontrollwahn – und die damit verbundene Paranoia, die überall Todfeinde wittert – zieht immer weitere Kreise und erdrosselt mit der Zeit die eigenen Parteigänger. Man kann das studieren anhand der Französischen Revolution, der nach und nach immer mehr Revolutionäre zum Opfer fielen, an den »Säuberungen« Stalins oder am Beispiel der Ermordung der SA-Spitze im Dritten Reich: Der jeweilige Diktator versucht die Kontrolle zu behalten, indem er jeden tatsächlichen oder potenziellen Abweichler umbringt – dabei werden auch die nicht geschont, die dem

Diktator zu seinem Triumph verholfen haben. Das hat eine zwingende innere Logik: Systeme, die von sich behaupten, die Welt widerspruchsfrei aus einer ideologischen Sicht heraus erklären zu können, müssen jeden tatsächlichen Widerspruch zu ihrer Sicht als existenziell bedrohlich empfinden. Die klassische »Herodes-Lösung« wird bis heute in allen ideologiebasierten Diktaturen angewandt: Das Abweichende wird durch Vernichtung aus der Welt geschafft – ein schon auf mittlere Sicht hoffnungsloses Unterfangen, wie uns die archetypischen Geschichten deutlich zeigen.

Aus diesem Grund sollte man als demokratischer Bürger sehr wachsam sein, wenn versprochen wird, mehr Kontrolle bringe mehr Sicherheit – man findet sich sehr schnell in einer Spirale wieder, die zwar immer mehr Freiheitsrechte abbaut, aber mitnichten mehr Sicherheit bringt. Das Einzige, was man erhält, ist mehr Kontrolle und bestenfalls ein *Gefühl* der Sicherheit beim Kontrollierenden. Dasselbe gilt übrigens nicht nur im staatsbürgerlichen Kontext, sondern auch in Unternehmen: Wenn das Controlling die alles bestimmende Instanz im Unternehmen wird, kann dieses schneller tot sein, als sich ein Controller nur träumen lässt. Der Satz »Zahlen im Griff, alles im Griff« ist von einer fatalen Fehleinschätzung getragen, die der Komplexität eines Unternehmens in keiner Weise gerecht wird. Es gelten die gleichen Gesetzmäßigkeiten wie im Staatswesen: Die Idee, mehr Kontrolle allein würde die Dinge verbessern, führt zur Inflation von Kontrollmechanismen und zu immer noch mehr desselben, ohne dass das Ziel der Organisation dadurch besser erreicht werden könnte. Im Falle des Controllings in Unternehmen kommt noch dazu, dass gar nicht selten die falschen Kennzahlen herangezogen werden, um den Zustand einer Firma zu beurteilen. Dann ist selbst die Kontrolle eine Pseudokontrolle und nutzt gar nichts mehr.

Macht

Narzisstische Kultur und wachsendes Misstrauen

Das Wissen um die Entwicklung oder Fehlentwicklung der persönlichen Vertrauensfähigkeit wirft direkt die Frage auf, ob es möglicherweise einen Zusammenhang geben könnte zwischen unserer heutigen Lebensweise in den entwickelten Industriegesellschaften und dem Bedürfnis, immer mehr Kontrolle auszuüben. In den modernen, mobilen und hoch flexiblen Gesellschaften sind verlässliche vertrauensvolle Beziehungen zunehmend ein seltener Schatz. Daraus könnte man folgern, dass die Möglichkeiten für den Einzelnen, vertrauensvolle Beziehungen zu erfahren, eher geringer werden. Dann würde, bei Betrachtung der individuellen Psychologie, durchaus verständlich werden, dass immer mehr Menschen eine eher geringe Bereitschaft entwickeln, anderen zu vertrauen. Die »narzisstische Gesellschaft« (siehe mein Buch *Im Kern getroffen*) ist nicht sehr beziehungsorientiert in dem Sinne, dass verlässliche und nahrhafte Beziehungen die Regel sind. Der Preis für die Flexibilität, Mobilität und Freiheit, die wir heute genießen, ist durchaus sehr hoch: Wir bezahlen mit einem latenten Vertrauensverlust.

In meinen Augen verbindet sich dieser psychologische Ansatz, der die Entwicklung des Individuums betrachtet, direkt mit gesamtgesellschaftlichen Entwicklungen. Der Vertrauensverlust im öffentlichen Raum geht sehr rasant vonstatten: Nicht erst die Ereignisse auf dem Weltfinanzmarkt seit dem Herbst 2008 zeigen das, wo eine Branche,

die sehr wesentlich auf das Vertrauen ihrer Kunden angewiesen ist, einen Offenbarungseid leisten musste. Das Vertrauen in die Stabilität des Banken- und Finanzsystems ist
insgesamt rapide gesunken. Wir sehen hier eine ähnliche
Entwicklung wie in anderen öffentlichen Bereichen. Sei es
bei der Politik, dem Journalismus, dem Gesundheits- oder
dem Bildungssystem: Wir bewegen uns immer deutlicher
in Richtung auf eine »Kultur des Misstrauens«. In einer
solchen Kultur wird es völlig selbstverständlich, dass immer mehr Kontrolle notwendig zu sein scheint – und damit
befinden wir uns in einem Teufelskreis. Mehr Kontrolle
bringt mehr Misstrauen hervor, und derjenige, der Vertrauen in andere Menschen setzt, gilt mindestens als naiv,
wenn nicht als dumm. Dabei wird das Leben in einer solchen Misstrauenskultur weder angenehmer noch sicherer
– das Gefühl der Bedrohung wächst gerade dort ständig,
wo kein Vertrauen mehr möglich ist.

Die Gesellschaft zerfällt in immer mehr Untergruppen

Gleichzeitig nimmt der Zusammenhalt in der Gesellschaft
ab. Das liegt daran, dass sich immer mehr gesellschaftliche
Untergruppen immer deutlicher voneinander abgrenzen
und damit eine Pseudosicherheit schaffen, die dadurch entsteht, dass das möglicherweise beunruhigende Fremde gar
nicht mehr wahrgenommen wird. Die Abgrenzung von
einzelnen Gruppen gegen andere ist ein weiter nicht beun-
ruhigendes Phänomen, solange es eine gewisse Durchlässigkeit der Grenzen gibt. Das heißt, ein Individuum muss
seine Subgruppe auch verlassen und sich einer anderen an-
schließen können beziehungsweise gleichzeitig Mitglied
verschiedener Gruppen sein. Dies wiederum setzt ein Mi-

nimum an Dialog mit dem jeweils anderen voraus. Das Gefühl, einem gemeinsamen Ganzen anzugehören, kann aber nur dort entstehen, wo die Abgrenzung »Hier sind wir – dort seid ihr« nicht so komplett ist, dass entweder kein Kontakt zum Fremden mehr besteht oder ihm von vornherein unterstellt wird, feindselig zu sein, sodass man ihn kontrollieren muss, damit einem selbst nichts passiert. In diesem Zusammenhang ist es ein durchaus beunruhigender Befund, wenn uns die Sozialforscher heute sagen, wir bewegen uns wieder rückwärts, was die Durchlässigkeit gesellschaftlicher Grenzen zwischen den verschiedenen Schichten betrifft. Die Angehörigen der Oberschicht rekrutieren sich nach wie vor hauptsächlich aus ihresgleichen, die soziale Durchlässigkeit für begabte potenzielle Aufsteiger aus anderen Schichten wird wieder geringer, als sie es schon einmal war.

Als sichtbares Beispiel der Abschottungstendenzen seien hier die »Gated Communities« genannt, die es früher nur in den USA gab, die aber zunehmend auch bei uns in Mode kommen. Dabei werden ganze Wohnviertel mit einem Zaun und einem gesicherten Tor umgeben. Hinein kommt nur, wer innerhalb des Zauns ein Haus oder eine Wohnung besitzt und sich den Richtlinien der abgeschlossenen Gemeinschaft per Vertrag unterwirft. Diese Verträge sind so gestaltet, dass gewährleistet ist, dass man auf jeden Fall unter sich bleibt. Der Zugang wird streng kontrolliert, es findet eine bewusste Abschottung zur Umgebung statt. Als ich einmal zu Gast in einer solchen abgeschlossenen Wohnsiedlung in der Nähe von Berlin gewesen bin, wurde physisch spürbar, dass wir dabei sind, uns wieder zurückzubewegen: von der demokratischen, offenen Bürgergesellschaft in die Richtung der Stammesfürstentümer, wo nur der sicher war, der innerhalb der Mauern der eigenen Burg lebte. Außerhalb drohten die Feinde und das Raubrittertum.

Dieses Beispiel führt uns an die Schnittstelle zwischen dem persönlichen Wunsch nach Kontrolle und der institutionalisierten Macht. Jede Form von Machtausübung stellt schließlich eine tatsächliche oder vermeintliche Kontrolle dar, und das Thema »Macht« – hier im institutionellen Sinn – sollte näher beleuchtet werden, wenn man über die Illusion der Kontrolle nachdenkt.

Alfred Adler und die Psychologie der Macht

Dazu zunächst noch einmal zur Psychologie: Alfred Adler, der Freud-Schüler und Begründer der Individualpsychologie, hat sich schon Anfang des letzten Jahrhunderts sehr ausgiebig mit dem Macht-Thema beschäftigt. Der Ausgangspunkt seiner Überlegungen ist das Minderwertigkeitsgefühl, das jeder Mensch schon deshalb erlebt, weil er sich als Kind hilfsbedürftig und nicht aus eigener Kraft lebensfähig wahrnimmt. Dieses Minderwertigkeitsgefühl, das quasi zur menschlichen Entwicklung gehört, muss nun ausgeglichen werden. Adlers Thesen laufen im Wesentlichen darauf hinaus, dass die Entwicklung des persönlichen Machtstrebens eine neurotische Entwicklung sei, während es bei einer gesunden Entwicklung des Individuums zu einem ausgeprägten Gemeinschaftsgefühl komme. Im Zusammenhang unserer Betrachtung finden wir hier bereits einen Hinweis auf den Gegensatz zwischen Kontrolle – hier wäre das Machtstreben zu verorten – und Vertrauen, das entspräche dem adlerschen Gemeinschaftsgefühl.

Wir wollen diese einigermaßen abstrakt klingenden Thesen einmal an der beobachtbaren Wirklichkeit in einem durchschnittlichen deutschen Kindergarten oder auf einem beliebigen Schulhof überprüfen. Es fällt auf, dass unter Kindern ein bestimmtes Verhalten durchgängig anzutreffen ist: das Ringen um die eigene Selbstwerterhöhung. Das fängt bei den ganz Kleinen an, die die Arme in die Luft strecken und sagen: »Ich bin schon sooo groß!!«. Die etwas Älteren können sich erbarmungslose Kämpfe um Rang und Stellung innerhalb der Gruppe liefern, und in der Pubertät kann man einen Typus beobachten, den man früher mit dem treffenden Wort »Halbstarker« bezeichnet hat. Das Bild vom »unschuldigen Kindlein« ist ein Klischee aus der deutschen Romantik und hat wenig zu tun mit der beobachtbaren Wirklichkeit.

Wer schon einmal miterlebt hat, mit welcher Ausdauer Geschwister einander gegenseitig herabsetzen und immer wieder darum ringen, der oder die »Bessere« zu sein, dem leuchten Adlers Thesen sehr unmittelbar ein. Dabei entsteht bisweilen der Eindruck, dass das innere Erleben des »Kleinseins« und des »Noch-nicht-Könnens« ein ungeheuer starker psychologischer Wirkfaktor ist, dem die Kinder und Jugendlichen mit allen Mitteln versuchen zu entkommen. Wenn in der Zeitung wieder einmal von »Mobbing auf dem Schulhof« berichtet wird, liest man häufig über erstaunlich perfide physische oder seelische Grausamkeiten, die ganz offenbar den Tätern das Gefühl der Stärke und Überlegenheit über das Opfer geben. Es ist zu vermuten, dass hier die Grundlage gelegt wird für ein neurotisches Machtstreben im späteren Leben – weil es wenige Dinge gibt, die die Illusion der Kontrolle so gut bedienen wie das Gefühl, Macht zu besitzen. Der Mächtige vergisst sehr schnell, dass es sich um eine Illusion handelt – deshalb waren die Römer so weise, ihren Triumphatoren auf dem Zenit ihrer Macht das »Memento mori« zuflüstern zu lassen.

Macht engt den Blick ein

Zweifellos besitzt jemand, der über Macht verfügt, auf den ersten Blick mehr Kontrollmöglichkeiten als der Machtlose. Diese Tatsache führt bei den Mächtigen dann häufig dazu, dass sie noch mehr Macht besitzen wollen – die Droge »Macht« hilft zu vergessen, dass auch die Macht des Mächtigen endlich ist und auch er sich der Tatsache stellen muss, dass nicht alles kontrolliert werden kann im Leben.

Der Mächtige ist der Wahrnehmung der eigenen Schwäche und der Endlichkeit seines eigenen Lebens sowie der Einsicht, dass sich komplexe Systeme prinzipiell nicht vollständig kontrollieren lassen, nur vorübergehend enthoben. Eine in diesem Zusammenhang sehr treffende Definition von Macht ist folgende: »Macht hat, wer nicht gezwungen ist, dazuzulernen.« Das hat sowohl enorme Konsequenzen für denjenigen, der Macht besitzt, als auch für diejenigen, über die Macht ausgeübt wird. Für die oder den Mächtigen hat es nämlich zur Folge, dass sie oder er sich mehr oder weniger lange vormachen kann, alle wichtigen Aspekte im Leben völlig im Griff zu haben. Und in aller Regel hilft ihr oder ihm die Umgebung nach Kräften dabei.

Jeder kennt den Ausdruck »Potemkinsche Dörfer«. Er bezieht sich auf eine Reise der russischen Zarin Katharina der Großen, die 1787 die neurussischen Gebiete, die annektiert worden waren, besichtigen wollte. Der Generalgouverneur dieser Gebiete, Fürst Potjomkin, hat der Legende nach in vielen kleinen Orten schöne Fassaden vor die Häuser stellen lassen, hinter denen das reale Elend gut versteckt blieb, um der mächtigen Katharina ein blühendes Land vorzutäuschen, das es gar nicht gab. Diese Geschichte geht auf den sächsischen Gesandten in Sankt Petersburg zurück, der ein bekannter Widersacher Potjomkins war, und es ist nicht ganz klar, ob es diese künstlichen Fassaden wirklich gegeben hat.

Auch wenn es sich bei den Potemkinschen Dörfern um eine Legende handeln sollte, zeigt sie einen wesentlichen Aspekt auf, der für den Mächtigen bedeutsam ist: Es ist für ihn schwierig bis unmöglich, die äußere Wirklichkeit noch so wahrzunehmen, wie es ein weniger Mächtiger könnte. Auch in unseren Zeiten wird immer wieder darüber geklagt, dass der oder jener Präsident, Kanzler oder Minister »abgehoben« sei, »nicht nah genug bei den Menschen« usw. Das hat unmittelbar mit der Eigendynamik der Macht zu tun – für den Mächtigen gibt es kein Korrektiv mehr aus eigener Anschauung, das die Realität ohne die Filtermechanismen abbildet, die den Mächtigen umgeben. Der abbasidische Kalif Harun al-Rashid, der 786–809 in Bagdad herrschte, gilt deshalb als weiser Machthaber, weil er sich der Legende nach regelmäßig inkognito unters Volk gemischt haben soll, um mitzubekommen, was in seinem Reich tatsächlich los ist jenseits der Wahrnehmung, die er vom Thron des Herrschers aus haben konnte.

Die »Arroganz der Macht« hat ihren Ursprung dort, wo der Mächtige sich vermeintlich seine eigene Realität erschaffen kann. Er muss nicht dazulernen, das heißt nicht wahrnehmen, was seiner Sicht auf die Welt widersprechen könnte. Für die Beherrschten hat diese Einschränkung der Wahrnehmung natürlich die Folge, dass Entscheidungen getroffen werden, die möglicherweise nur sehr wenig mit der Natur der Probleme zu tun haben, die angeblich durch eine Entscheidung gelöst werden sollen. Die Weltgeschichte ist voll von Herrscherentscheidungen, die sich letzten Endes als fatal erwiesen haben – von Napoleons Versuch, Russland im Winter zu erobern, bis zu George W. Bushs Vorstellung, man könne die amerikanische Demokratie per Eroberungskrieg im Irak einführen, um nur zwei Beispiele zu nennen. In allen diesen Fällen hatten die Machthaber eine stark eingeschränkte Sicht auf die Wirklichkeit – und sind gerade dadurch gescheitert.

In Diktaturen mit ihrem alles umfassenden Machtanspruch geht das häufig so weit, dass es vorgezogen wird unterzugehen, bevor die Idee aufgegeben wird, man könne ein Land, ein Volk oder die ganze Welt komplett nach seinen eigenen Vorstellungen gestalten und kontrollieren. Deutschland hat im letzten Jahrhundert ein grausiges Beispiel für diese Form des machtbesessenen Größenwahns erlebt: Die Nazi-Ideologie mit ihrer Vorstellung der kompletten Kontrolle ganzer Völker durch Vernichtung des »Lebensunwerten« und Züchtung der »reinen Rasse« hat ganz Europa schwersten Schaden zugefügt und mit der Schoah einen Genozid bis dahin unvorstellbaren Ausmaßes in Gang gesetzt. Teil dieser Ideologie war es, dass unterzugehen hatte, was sich den Vorstellungen der Ideologen nicht beugen wollte – untergegangen ist schließlich das »Dritte Reich« und sein Führer, nachdem sie eine schreckliche Blutspur durch Europa und die Welt gezogen haben.

Die Deformation der Mächtigen

Wenn der Weg der Macht gewählt wird, um die Illusion aufrechtzuerhalten, dass perfekte Kontrolle möglich sei, ist die Gefahr, dass die Machthaber persönlich deformiert werden, auch in einer Demokratie gegeben. Wobei die Demokratie mit ihren Mechanismen der Gewaltenteilung und Kontrolle der Macht sicherlich noch am geeignetsten ist, solche Deformationen in Grenzen zu halten.

Eine sehr differenzierte Langzeitstudie zu dem Thema, wie Macht die Persönlichkeit verändert, hat die Fotografin Herlinde Koelbl mit ihrem Foto- und Interviewband *Spuren der Macht. Die Verwandlung des Menschen durch das Amt* vorgelegt. Sie hat in diesem sehr eindrucksvollen Buch über einen Zeitraum von acht Jahren 15 Persönlichkeiten des öffentlichen Lebens jährlich interviewt und fotografisch porträtiert. Bei aller Verschiedenheit der Aussagen der Befragten findet sich interessanterweise durchgehend, dass sie im persönlich engsten Raum eher weniger als mehr Kontrolle über das eigene Leben ausüben können, je mehr sie eine öffentliche Person sind. Wenn dem so ist, würde das Erlangen von Macht zumindest auf der persönlichen Ebene eher mit einem Verlust als einem Gewinn an Kontrolle einhergehen; für diejenigen, die sich von mehr Macht bewusst oder unbewusst ein Mehr an Kontrolle erhoffen, sicherlich eine bittere Erfahrung.

»Macht korrumpiert, totale Macht korrumpiert total« – dieser Satz von John E. E. Dalberg-Acton (englischer Historiker und Journalist, 1834–1902) gehört zum allgemeinen Schatz an Weisheiten, die häufig zitiert werden. Und in der Tat finden sich auch in demokratischen Grundordnungen regelmäßig Berichte über Menschen, die im Staat, einem Unternehmen, einer Gewerkschaft oder einer sonstigen Organisation eine Machtposition erreicht haben und diese dann missbrauchen: zur persönlichen Bereicherung, zur Beseitigung von Konkurrenten oder zur Etablierung von Seilschaften, die wiederum dem eigenen Machterhalt dienen sollen. Gar nicht selten entsteht dabei der Eindruck, dass es um die Macht an sich geht – und nicht etwa darum, Macht in die Hand zu bekommen, um ein bestimmtes inhaltliches Ziel zu erreichen. Wenn man die Fälle von Machtmissbrauch im Amt einmal aus der Nähe betrachtet, fällt auf, dass die entsprechenden Amtsinhaber häufig kein wirkliches Unrechtsbewusstsein bezüglich des Machtmissbrauches haben. Sehr eindrucksvoll war das nach dem Zusammenbruch der DDR bei einem Auftritt des ehemaligen Ministers für Staatssicherheit zu sehen. Er war ein mächtiger Mann gewesen, der einem großen Heer von Spitzeln, Agenten und Gefängnissen vorstand, das massiv in die (auch nach den Maßstäben des damaligen Staates gegebenen) Grundrechte vieler Menschen eingegriffen hatte. Als er nach dem Verlust dieser Macht von Abgeordneten, die von seiner Organisation ausgespäht und verfolgt worden waren, damit konfrontiert wurde, wirkte er hilflos und stotterte: »Aber ich liebe ... doch ... alle Menschen ...«

Macht und persönliche Korruption

Dieser Verlust des Unrechtsbewusstseins, den wir auch bei anderen Mächtigen immer wieder beobachten können, gehört zum Komplex der persönlichen Korruption dazu, zu der die Macht verführt. Wenn jemand aufgrund seiner Macht glaubt, er könne endlich auch potenziell ängstigende Aspekte seines Lebens vollkommen kontrollieren, kann es dazu kommen, dass er tatsächlich meint, allgemeingültige Grenzen gelten für ihn nicht. Es kommt zu einer Form von Grandiositätsgefühl, das die realistische Wahrnehmung von Grenzen außer Kraft setzt. Das gilt sowohl für die Wahrnehmung der Grenzen des Machbaren als auch für die Einhaltung der Grenzen des Anstands. Diese Dynamik konnte man gut bei den Mächtigen der internationalen Finanzaristokratie beobachten, bevor der große Katzenjammer einsetzte. Bei den Vorständen vieler großer Banken und Fondsgesellschaften hat sich das Gespür für das Risiko, das im Geschäft eingegangen werden kann, und die persönliche Verantwortung für die von Sparern anvertrauten Gelder im grandiosen Nebel der »Masters of the Universe« verflüchtigt – bis das System mit einem gewaltigen Krach gegen die Wand gefahren ist.

Wenn die Hypothese stimmt, dass der Besitz einer mit Macht ausgestatteten Position die Illusion der Kontrolle nährt, könnten wir besser verstehen, warum manche Menschen der Droge Macht so sehr verfallen. Das Wort »Droge«

ist hier nicht metaphorisch gemeint – es scheint so zu sein, dass für manche das Erlangen beziehungsweise der Erhalt von Macht durchaus Suchtcharakter besitzt. Heutzutage sprechen manche Politiker ganz offen über die Tatsache, dass sie persönlich »der Politik verfallen« sind oder unter »Entzugserscheinungen« leiden nach dem Verlust eines Amtes. Hier spielen sicherlich narzisstische Motive eine zentrale Rolle: Menschen, die sich schon seit der Kindheit danach sehnen, als Person wahrgenommen und wertgeschätzt zu werden, können eine erhebliche Abhängigkeit vom Leben im Rampenlicht entwickeln. Das sind dann häufig auch diejenigen, die das Amt mit der Person verwechseln und die Aufmerksamkeit, die sie qua Amt erfahren, mit der persönlichen Zuwendung und wertschätzenden Aufmerksamkeit, die wir alle brauchen, um psychisch gesund und stabil sein zu können. Wenn jemand nicht merkt, dass das Blitzlichtgewitter seiner Position und seinem Amt und nicht seiner Person gilt, wird das Erwachen aus dieser Illusion umso schmerzhafter. Das ist der Grund dafür, warum Menschen, die ihre Machtstellung unbewusst zur Erfüllung ihres Bedürfnisses benutzen, als Mensch gesehen zu werden, häufig in eine echte Depression verfallen, wenn sie die Machtposition nicht mehr innehaben.

Je totaler die Macht eines Diktators, einer Partei oder eines Herrschers ist, desto mehr wird deutlich, dass es auch bei blutigsten Unterdrückungsmaßnahmen keinen Weg gibt, auf Dauer ein Land und seine Bürger vollkommen zu kontrollieren. Der Blutzoll für diese Kontrollillusion ist in solchen Fällen immer unglaublich hoch, ohne dass das Ziel erreicht würde. Das deutsche Volkslied »Die Gedanken sind frei«, das Vorläufer bis in mittelhochdeutsche Dichtungen hat, formuliert das Grundproblem jeder Diktatur sehr genau. Ich zitiere die erste, dritte und fünfte Strophe:

Die Gedanken sind frei,
Wer kann sie erraten?
Sie fliehen vorbei,
Wie nächtliche Schatten.
Kein Mensch kann sie wissen,
Kein Jäger erschießen
Mit Pulver und Blei:
Die Gedanken sind frei!

Und sperrt man mich ein
In finsteren Kerker,
Ich spotte der Pein
Und menschlicher Werke.
Denn meine Gedanken,
Sie reißen die Schranken
Und Mauern entzwei:
Die Gedanken sind frei!

Ich liebe den Wein,
Mein Mädchen vor allen,
Sie tut mir allein
Am besten gefallen.
Ich bin nicht alleine
Bei meinem Glas Weine:
Mein Mädchen dabei,
Die Gedanken sind frei.

(Text und Melodie in »Lieder der Brienzer Mädchen«,
gedruckt in Bern zwischen 1810 und 1820)

Das Lied wurde während der deutschen Freiheitsbewegung
von 1848 sehr populär und war von der Obrigkeit durchaus
gefürchtet. Im Text wird der Widerstand gegen die Macht
und deren Totalitätsanspruch stolz formuliert, und in der
letzten Strophe wird der Beziehungsaspekt betont, der erst

diese Freiheit ermöglicht. Hier wird in einer der Zeit ange-
messenen, leicht pathetisch-romantischen Sprache genau
der Gegensatz zwischen dem Machtstreben und dem Bewusstsein der menschlichen Zusammengehörigkeit formuliert, der ein Jahrhundert später von Alfred Adler tiefenpsychologisch ausgeleuchtet worden ist. Nicht umsonst haben
Diktatoren jedweder Couleur und zu allen Zeiten deutlich
mehr Angst vor dem freien Wort gehabt als vor Panzern und
Gewehren. Der Trugschluss aller machiavellistischen
Machtmenschen dieser Welt besteht darin, dass die schiere
Macht auf Dauer obsiegen kann, wenn sie sich nur raffiniert
und skrupellos genug gebärdet. Das hat schon beim Versuch
des Herodes, den neugeborenen Jesus zu töten, nicht funktioniert. Diese Erzählung aus dem Neuen Testament zeigt
auf archetypische Weise sehr schön die Vergeblichkeit der
gewalttätigen Macht gegenüber den größeren Kräften dieser
Welt auf. Die mordende Soldateska des Herodes kann die
innere Kraft, symbolisiert durch den Engel, der im Traum
dem Joseph sagt, dass er fliehen muss, nicht erreichen (siehe
auch Exkurs »Archetypen der Kontrolle«). Auch in dieser
Geschichte hinterlässt der rücksichtslose Machtgebrauch
eine grauenhafte Blutspur, um am Schluss doch nicht zu erreichen, was er bezweckt – die perfekte Kontrolle.

»Keine Macht für Niemand« – ein tragfähiges Konzept?

In den antiautoritären Bewegungen der späten 60er- und
frühen 70er-Jahre des 20. Jahrhunderts, die soziokulturell
zweifellos einiges in Bewegung gebracht haben, war
»Macht« grundsätzlich verdächtig und etwas Negatives,
weil Macht mit Machtmissbrauch gleichgesetzt worden
war. Einer der wichtigsten Glaubensgrundsätze jener Zeit

hieß: »Keine Macht für Niemand!« Die Idee des Diskurses unter vollkommen Gleichberechtigten ohne Machtgefälle ist allerdings schon älter – im politischen Bereich sind hier insbesondere die Anarchisten (griech. anarchia: »Herrschaftslosigkeit«) zu erwähnen, die in Europa ihre Vorläufer schon in egalitären Bewegungen im England des 17. Jahrhunderts hatten. Anarchistische Ideen tauchten seither immer wieder auf und verfechten mehr oder weniger systematisch oder theoretisch begründet die Abwesenheit jeder Herrschaft, da diese immer zu Repression führe. Die einzige Form von Gemeinschaftlichkeit, die akzeptiert wird, ist der freie Zusammenschluss freier Menschen. Obwohl ursprünglich der Gewaltlosigkeit verpflichtet, gibt es viele anarchistische Strömungen, die Gewalt gegen jede Form der Machtausübung als legitim erachten und rechtfertigen (zum Beispiel »Propaganda der Tat« im 19. Jahrhundert, »Stadtguerilla« im 20. Jahrhundert, der »schwarze Block« heutzutage beispielsweise in Berlin). Es gab immer wieder mehr oder weniger heroische Versuche, anarchistische Gegenmodelle gegen die verschiedenen existierenden Staatskonstruktionen umzusetzen – erfolgreich ist keiner gewesen. Die entsprechenden Bewegungen zeichnen sich in der Regel durch ein hohes idealistisches Engagement der Beteiligten aus – zum Beispiel bei den anarchistischen Truppen der Franco-Gegner im spanischen Bürgerkrieg, die bereit waren, für ihre Ideen das Leben einzusetzen. Den Bürgerkrieg gegen die straff autoritär geführten spanischen Faschisten haben sie trotzdem verloren.

Wir scheinen nicht darum herumzukommen, die Frage anders zu stellen: Wie kann Macht und Machtgebrauch in einer Weise gestaltet werden, damit möglichst wenig Missbrauch geschieht? Das scheint nur zu funktionieren, wenn Macht nicht als perfekte und möglichst absolute Kontrolle gedacht wird, sondern ein Gegengewicht im Vertrauen findet. In diesem Zusammenhang ist es sehr interessant, sich ein altes Dokument einmal genauer anzuschauen, das sich mit der Organisation von Gemeinschaften befasst: Ich meine die Regel des Benedikt von Nursia, in der beschrieben wird, wie die benediktinischen Klöster verfasst sein sollen. Insbesondere was Benedikt über die Rolle des Abtes sagt (also dessen, der im Kloster die höchste Autorität darstellt), ist sehr aufschlussreich. Hier die wichtigsten Sätze:

»*Deshalb darf der Abt nur lehren oder bestimmen und befehlen, was der Weisung des Herrn entspricht. (…)*

So wisse der Abt: Die Schuld trifft den Hirten, wenn der Hausvater an seinen Schafen zu wenig Ertrag feststellen kann. (…)

Er lasse sich vom Gespür für den rechten Augenblick leiten und verbinde Strenge mit gutem Zureden. Er zeige den entschlossenen Ernst des Meisters und die liebevolle Güte des Vaters. (…)

In seinem Handeln zeige er, was er seine Jünger lehrt, dass man nicht tun darf, was mit dem Gebot Gottes unvereinbar ist. Sonst würde er anderen predigen und dabei selbst verworfen werden. (…)

Er wisse: Wem mehr anvertraut ist, von dem wird mehr verlangt. (…)

Er muss wissen, welch schwierige und mühevolle Aufgabe er auf sich nimmt: Menschen zu führen und der Eigenart vieler zu dienen. Muss er doch dem einen mit gewinnenden, dem anderen mit tadelnden, dem dritten mit überzeugenden Worten begegnen. Nach der Eigenart und Fassungskraft jedes Einzelnen soll er sich auf alle einstellen und auf sie eingehen. So wird er an der ihm anvertrauten Herde keinen Schaden erleiden, vielmehr kann er sich am Wachsen einer guten Herde freuen.

Vor allem darf er über das Heil der ihm Anvertrauten nicht hinwegsehen oder es gering schätzen und sich größere Sorge machen um vergängliche, irdische und hinfällige Dinge.

Stets denke er daran: Er hat die Aufgabe übernommen, Menschen zu führen, für die er einmal Rechenschaft ablegen muss. Der Abt muss wissen: Wer es auf sich nimmt, Menschen zu führen, muss sich bereithalten, Rechenschaft abzulegen.«

Schon im ersten hier zitierten Satz wird die Macht relativiert – der Abt handelt »im Auftrag«, in diesem Fall einem göttlichen. Die Verpflichtung der Macht auf einen Zweck, der nicht der Machterhalt selber ist, beschränkt sie von vornherein. Der nächste wichtige Punkt ist, dass der Machthabende in die Verpflichtung genommen wird – er muss sich messen lassen an dem, was er den ihm Anvertrauten abverlangt – und er muss strenger mit sich selbst als mit ihnen sein. Der Hinweis auf den »rechten Augenblick« (Kairos, siehe Kapitel »Die Kraft des Loslassens«) fehlt ebenso wenig wie der Hinweis darauf, dass Menschen verschieden sind und deshalb Verschiedenes brauchen, wenn sie angeleitet werden sollen.

Hier herrscht tatsächlich ein Geist der Klarheit und der Demut, der sich bewusst bleibt, dass es Mächte gibt, die größer sind als der Ehrgeiz des Einzelnen. Nur wenn der Abt bereit ist, der größeren Ordnung zu dienen, in die alles eingebettet ist, ist er würdig, Macht zu erhalten – und er wird sich rechtfertigen müssen (in diesem Fall vor Gottes Gericht), wie er umgegangen ist mit seiner Macht. Benediktinerklöster erreichen eine verhältnismäßig sehr lange Lebensdauer – der Durchschnitt liegt bei 500 Jahren. Das hat mit der Kultur der Macht zu tun, die in der Benediktusregel abgebildet wird. Das Institut für empirische Wirtschaftsforschung der Universität Zürich hat 2008 eine Untersuchung der benediktinischen Führungskultur veröffentlicht, die zu dem Schluss kommt, dass diese Art des Umgangs mit Macht wesentlich für den großen Erfolg benediktinischer Klöster über Hunderte von Jahren gewesen ist.

Ein Umgang mit der Macht, der auf das Prinzip der umfassenden Kontrolle der Untergebenen verzichtet, ist offenbar der Kultur des Misstrauens, die heute noch weithin in vielen Unternehmen praktiziert wird, überlegen. Die klügere Führung setzt offenbar auf Vertrauen und Partizipation. Zugegebenermaßen ist die Art der persönlichen Verpflichtung, die jemand eingeht, wenn er oder sie in ein Kloster eintritt, nicht zu vergleichen mit der inneren Verpflichtung, die durch einen Arbeitsvertrag entsteht. Und dennoch: In den letzten Jahren ist durch den dysfunktionalen Gebrauch von Macht in Unternehmen viel Vertrauen zerstört worden, und viele Mitarbeiterinnen und Mitarbeiter besitzen keine innere Verbindung mehr gegenüber der Firma, in der sie arbeiten. Alle Betriebe, die das verstanden haben und denen es gelingt, Vertrauen zu investieren und Mitverantwortung zu fördern, sind heute deutlich im Vorteil. Sie sehen ihre Mitarbeiter nicht nur als Produktions- oder wahlweise als Kostenfaktor, sondern als individuelle Persönlichkeiten. Sie wissen »Menschen zu führen und der Eigenart vieler zu dienen«, wie es in der Regel des Benedikt von Nursia formuliert wird. Das trägt dazu bei, eine Unternehmenskultur des echten Dialogs und der Mitverantwortung zu etablieren. Leider gibt es viele Entwicklungen in der modernen Welt, die dieses Wissen ignorieren und genau in die entgegengesetzte Richtung marschieren.

121

Die Industrialisierung des Gesundheitswesens

Eines der negativen Beispiele, die mir persönlich am besten vertraut sind, ist der Prozess der Industrialisierung unseres Gesundheitswesens. Als ich vor 30 Jahren in dieses Gesundheitswesen als junger Arzt eingetreten bin, galten ein paar Grundprinzipien, die unumstößlich schienen. Krankenhäuser und Altenheime waren Einrichtungen, die in einer über Jahrhunderte gewachsenen, ursprünglich rein christlich motivierten Tradition der Karitas (lat. Nächstenliebe, Hochschätzung) standen und deren oberste Verpflichtung dem Patienten oder Heiminsassen galt. Der einzelne Arzt hatte ein hohes Berufsethos, das aus seiner Verpflichtung dem Patienten gegenüber erwachsen war, und Arzt war ein freier Beruf (also auch kein Gewerbe).

Allerdings: Das System war defizitär und achtete zu wenig auf seine Kostenseite, was – meiner Ansicht nach zu Recht! – die Ökonomen auf den Plan rief, die dafür sorgen sollten, dass das System kosteneffizienter wird; ein notwendiges und sinnvolles Vorhaben. Mittlerweile aber hat sich das System schleichend so verwandelt, dass die Ökonomie die oberste Verpflichtung zu sein scheint. Das hat gravierende Konsequenzen. Man hat an die Stelle der individuellen Selbstverpflichtung der Mitarbeiter das anonyme Qualitätsmanagement gesetzt – es geht nicht mehr darum, dass sich der einzelne Arzt oder die einzelne Krankenschwester persönlich seinem oder ihrem Patienten verpflichtet fühlt, sondern dass er oder sie abstrakte Qualitätsnormen erfüllt. Aus der persönlichen Dienstleistung am Kranken ist eine normierbare, an Industriestandards orientierte Sicht auf die Behandlung der Krankheit geworden. Alle Teile des Systems passen sich allmählich diesem leisen Paradigmenwechsel an – so werden zum Beispiel schon seit einiger Zeit die Krankenhäuser nicht mehr nach dem Aufwand bezahlt, den ein einzelner Patient braucht, sondern nach Fallpauschalen, die sich am Durchschnittswert der Kosten für die Behandlung einer bestimmten Krankheit orientieren.

Die Reglementierungswut im Gesundheitswesen ist legendär. Der Versuch, die persönliche Arzt-Patient-Beziehung durch industriell genormte, unpersönliche Prozeduren zu ersetzen, wie bei der Behandlung von Werkstücken in der Industrie, hat Schneisen der Verwüstung in die Motivationslage der »Leistungserbringer« (vormals Ärzte, Krankenschwestern, Physiotherapeuten usw.) geschlagen. Die medizinische Versorgung ist dadurch keineswegs messbar besser geworden – im Gegenteil. Heute müssen zum Teil viel längere Wege und viel längere Wartezeiten (zum Beispiel für eine bestimmte Untersuchung) in Kauf genommen werden als vor 20 Jahren. Tragischerweise gelingt es immer weniger, die tragenden Grundhaltungen in der Versorgung kranker Menschen zu tradieren und dafür zu sorgen, dass die ökonomische Perspektive integriert wird, was zweifellos notwendig ist.

Auf den Umstand, dass hier versucht wird, etwas zu reglementieren und zu kontrollieren, was seiner Natur nach nicht industriell zu normieren ist, nämlich die Arzt-Patient-Beziehung, wird mit noch mehr Regulierung reagiert. Die Illusion der perfekten Kontrolle führt zum Gegenteil dessen, was bezweckt wird: Immer mehr ursprünglich sehr engagierte Akteure des Systems ziehen sich resigniert zurück. Das drückt sich konkret zum Beispiel in einer immer größer werdenden Zahl von Ärztinnen und Ärzten aus, die das System in Richtung Ausland oder in Richtung anderer beruflicher Tätigkeiten verlassen. Ich weiß aus vielen Gesprächen, dass die Hauptmotivation für diese Emigration nicht primär die Bezahlung ist, wie in einzelnen Diskussionsbeiträgen immer wieder behauptet wird, sondern der dysfunktionale Umgang mit Macht im System, der zu Entpersönlichung im Umgang und zu Entfremdung im Erleben der eigenen Tätigkeit führt.

Fassen wir zusammen:

- Macht und Machtausübung können starke Versuchungen darstellen: Je mehr Macht, desto mehr Sicherheit und Kontrolle ist der vermeintlich logische Schluss.
- Individuell gibt es einen Zusammenhang zwischen erlebtem Minderwertigkeitsgefühl und der Entwicklung eines kompensatorischen Machtstrebens.
- Institutionelle Macht verändert Individuen stark und führt bisweilen zu der Paradoxie, dass der Mächtige weniger Kontrolle über sein persönliches Leben hat als der weniger Mächtige.
- Alle Formen von Macht, die das Leben vollständig kontrollieren wollen, scheitern früher oder später.
- Alternativen zur Macht als perfektes Kontrollinstrument gibt es schon lange, zum Beispiel in der Organisation benediktinischer Klöster.
- Diese Alternativen sind dadurch ausgezeichnet, dass sie dem Nicht-Kontrollierbaren bewusst Raum geben: Die Individualität von Menschen wird gewürdigt, Führung erfolgt im Dialog mit den Geführten und es wird die Mitverantwortung eines jeden durch Mitbeteiligung gefördert.
- Anhand der Industrialisierung des Gesundheitswesens kann man praktisch sehen, wie der Versuch, immer mehr Kontrolle auszuüben, in Qualitätsverlust und Demotivation der Beteiligten mündet.

Exkurs:
Kafkas Erben – Verantwortungsdiffusion
in komplexen Systemen

Komplexe Organisationen können nur deshalb existieren, weil sie gelernt haben, einzelne Aspekte der Gesamtorganisation auf verschiedene Abteilungen zu verteilen. Damit gelingt es, Teilzielen auch dann zu ihrem Recht zu verhelfen, wenn sie anderen Teilzielen direkt widersprechen. Es geht also letztlich darum, Paradoxien zu managen (Fritz Simon). So gibt es zum Beispiel in einem Krankenhaus das primäre Ziel, die Patienten optimal zu betreuen – die Organisation als Ganzes allerdings muss auch wirtschaftlich handeln, wenn sie Bestand haben will. Deshalb gibt es Hauptverantwortliche für die medizinischen Abläufe und solche für die ökonomischen – beides kann, wie gesagt, in großer Spannung zueinander stehen beziehungsweise einander sogar widersprechen. In den Stellenanzeigen für die entsprechenden Positionen heißt es immer, die Bewerber müssten »teamfähig« sein. Damit ist letztlich die Fähigkeit gemeint, im Dialog mit den Vertretern der jeweils anderen Teilinteressen der Organisation Lösungen für die täglichen Probleme zu finden, um gemeinsam dem zentralen Ziel der Organisation zu dienen.

Je komplexer eine Organisation wird, desto mehr solcher Polaritäten oder Paradoxien gilt es zu berücksichtigen und desto schwieriger kann es werden, das Ganze im Blick zu behalten. Das gilt sowohl für jemanden, der innerhalb der Organisation arbeitet, als auch für diejenigen, die von außen mit der Organisation in Kontakt kommen. Wir alle kennen das aus der Alltagserfahrung: Es ist bisweilen unmöglich, bei einem großen Verwaltungsapparat oder einer großen Firma jemanden ans Telefon zu bekommen, der wirklich hilft, das gerade anliegende konkrete Problem zu lösen. Wer hat nicht schon bei einer der vielen schönen Hotlines erlebt, dass der Gesprächspartner am anderen Ende der Leitung sagt: »Dafür bin ich nicht zuständig, das ist die Abteilung XY«, oder man endlos weiterverbunden wird und den immer gleichen Spruch aufsagt, um am Schluss entnervt aufzugeben?

Ein besonders krasses Beispiel dessen, was herauskommen kann, wenn im Extremfall nur noch Maschinen mit Maschinen kommunizieren, beschreibt Steffan Heuer in einem Artikel für die Wirtschaftszeitschrift *brand eins* (Heft 11/2008): Dort wird die Geschichte einer voll automatisierten journalistischen Suchmaschine beschrieben, die versehentlich eine sechs Jahre alte Meldung als aktuell in die entsprechenden Informationsnetze einspeiste. Plötzlich hieß es, die Fluglinie United Airlines habe Gläubigerschutz wegen Insolvenz beantragt. Dies war sechs Jahre zuvor tatsächlich geschehen, die Firma war inzwischen aber längst saniert. Die Fehlmeldung löste eine informationelle Lawine aus, die zum Komplettabsturz der Aktie des Unternehmens führte – eine Milliarde Dollar Marktwert löste sich in Luft auf. Wer war verantwortlich? Es gab keinen einzelnen Manager oder Journalisten mehr, dem dieser verhängnisvolle Fehler zugerechnet werden konnte. Die Algorithmen der Suchmaschinen und die Regeln der Weitergabe und Kontrolle von Meldungen waren so gestrickt, dass dieser Fall passieren konnte – und eben im September 2008 auch passierte. Ein perfektes Beispiel für das, was ich mit dem Begriff »Verantwortungsdiffusion« bezeichne.

Organisationsmodelle von Großorganisationen führen zu einer strukturell bedingten Verantwortungsdiffusion. Es liegt in der Regel keine Böswilligkeit Einzelner vor, wenn man im Dschungel der Hotlines oder Webseiten hängen bleibt, sondern die Struktur der Großorganisation bringt es mit sich, dass niemand mehr persönlich verantwortlich ist. Die Verantwortung für einen Vorgang, und eben auch für einen Fehler, ist nicht mehr einem bestimmten Menschen zuzuordnen. Das ist nicht nur für die tägliche Frage nach Problemlösungen aller Art sehr unangenehm, sondern auch psychologisch durchaus schwierig. Wenn wir ein Problem lösen wollen, wollen wir nämlich ein möglichst menschliches Gegenüber haben, das zum einen gewillt ist, sich unserer anzunehmen, und zum anderen kompetent genug, das Problem lösen zu helfen. Vielleicht kennen Sie die leise Verzweiflung, die einen beschleichen kann, wenn man stattdessen mit einer Computerstimme abgespeist wird. Wenn diese Stimme dann noch besonders angenehm klingt und einen betont fröhlichen Ton anschlägt, wird die bizarre Qualität solcher »Nicht-Gespräche« noch unterstrichen.

Franz Kafka hat schon im letzten Jahrhundert diesen Mechanismus literarisch meisterhaft bearbeitet: Sowohl in seinen Romanen *Der Prozess* und *Das Schloss* als auch in etlichen Erzählungen beschreibt er sehr differenziert, wie es sich anfühlt, einer anonymen, nicht persönlich benennbaren Macht ausgeliefert zu sein. Er hat nicht nur die deutsche Literatur, sondern auch die Sprache um das Adjektiv »kafkaesk« bereichert zur Beschreibung einer solchen Situation. Die Verantwortungsdiffusion, der wir heute in modernen Organisationen begegnen, wird dadurch potenziert, dass Maschinen statt Menschen unsere Dialogpartner geworden sind. Das Ausmaß an kafkaesken Dialogen, die dadurch entstehen, hätte sich Kafka selber möglicherweise nicht vorstellen können.

Für den Kunden einer solchen Organisation ist die Erfahrung, trotz allen Bemühens nur schwer und manchmal gar nicht mit seinem Anliegen durchzudringen, immer mit der Erfahrung von Machtlosigkeit verbunden. Vielleicht ist das der Grund, warum viele Menschen heute wieder lieber Kunden von kleinen bis mittelständischen Unternehmen sind, die noch eine persönliche Kundenbeziehung aufbauen, als von anonymen Großkonzernen. Ich trauere heute noch dem kleinen Buchhändler nach, der mich und meine Vorlieben kannte und der mich auch immer sehr kompetent beraten konnte. Leider gibt es ihn nicht mehr. Diese Entwicklung hat natürlich ökonomische Ursachen und ist höchstwahrscheinlich unumkehrbar. Der Ersatz von Menschen durch Maschinen im Bereich von Dialogen bringt es aber mit sich, dass wir uns an die Logik und die Sprache der Maschinen anpassen müssen. Diese ist nie so differenziert, wie Menschen das sein können. Menschen erkennen Doppeldeutigkeiten, Zwischentöne und die emotionale Bedeutung einer kommunikativen Sequenz. Hier haben wir ein besonders schönes Beispiel dafür, wie sich der Versuch, möglichst vollständige Kontrolle auszuüben, in Teilen sehr kontraproduktiv auswirkt: Die komplexe Organisation (zum Beispiel Fluglinie, Eisenbahn, Telefongesellschaft) versucht durch Rationalisierung viele ihrer Abläufe zu standardisieren und zu optimieren – als Kunde hat man das Gefühl, das Chaos nimmt kontinuierlich zu, und man findet nicht mehr oft jemanden, der sich bei den Tarifen der Bahn oder der Fluggesellschaften wirklich auskennt, nicht einmal in einem Reisebüro.

Eine ähnliche Entwicklung kann man im Bereich staatlicher Gesetzgebung erkennen. So taucht zum Beispiel das Ziel, unser Steuersystem zu vereinfachen, in jedem Wahlkampf auf, mal bei der einen, mal bei der anderen Partei. Die Steuerberater selbst sagen einem schon seit Jahren unter der Hand, dass sie selbst schon lange vor der Komplexität des Systems kapituliert haben und nicht mehr das Gefühl haben, sich in ihrem ureigensten Feld wirklich auszukennen.

All dies fördert Prozesse der Verantwortungsdiffusion – und ist mithin durchaus gefährlich für die Demokratie. Es gibt nämlich immer mehr Stimmen, die behaupten, autoritäre Systeme seien deshalb besser, weil dort ja klar sei, wer das Sagen hat und daher auch, wer wofür verantwortlich ist. Außerdem sei es wesentlich effektiver, wenn man sich nicht mit rechtsstaatlichen Prozeduren herumquälen

muss, wenn es etwa um Großprojekte geht. »Der Groß-
flughafen Berlin-Schönefeld wäre in China längst gebaut«,
hört man dann etwa.

Die Frage ist, ob der Gedanke, Verantwortungsdiffusion sei eine zwangsläufige Nebenwirkung demokratischer
Systeme, überhaupt stimmt. Ich glaube, dass das eine mit
dem anderen gar nicht so viel zu tun hat und man auch in
demokratisch verfassten Gemeinwesen sehr wohl Verantwortung klar zuweisen kann – ich halte das eher für eine
Frage der politischen Kultur und der persönlichen Haltung.

Für alle, die in einer komplexen Organisation Verantwortung tragen, ergibt sich daher die Forderung, alle
Strukturen und Kommunikationswege daraufhin zu prüfen, ob sie der Verantwortungsdiffusion Vorschub leisten
oder diese eher verhindern. Man kann sich allerdings des
Eindrucks nicht erwehren, dass es manchem Verantwor-
tungsträger in einer großen Organisation ganz recht ist,
dass es eher diffus bleibt, wer wofür Verantwortung trägt
– hinter dem dadurch entstehenden Schleier der Intranspa-
renz ist nämlich gut munkeln. Organisationen, in denen
Verantwortungsdiffusion zu den Grundprinzipien gehört,
können auch perfekte Systeme zur Machtsicherung Einzelner sein. Eine solche Organisation ist auch schwer refor-
mierbar, weil man gar nicht weiß, wo man bei einer Re-
form zuerst ansetzen müsste.

Das Ende des Perfektionismus – Plädoyer für eine gute Fehlerkultur

Der Mann, der vor mir saß, war Anfang 50, gut aussehend, durchtrainiert und elegant in seinem Maßanzug – und bot doch ein Bild des Jammers. Ihm war vor einem Monat von seiner Firma gekündigt worden. Zu mir war er gekommen, weil er mit der Kränkung, die das für ihn bedeutete, nicht fertig wurde. Er war zum Zeitpunkt unseres ersten Gesprächs stark depressiv und trug sich mit Selbstmordgedanken.

Erhebliche Anteile des Betriebes, den er geleitet hatte, gehörten dem Bundesland, in dessen Hauptstadt er arbeitete – dementsprechend stark musste er in seiner Betriebsführung die politischen Randbedingungen, die in diesem Bundesland jeweils relevant waren, berücksichtigen. Darauf war er nicht vorbereitet. Er hatte zuvor sein ganzes Berufsleben als Manager in der Privatwirtschaft verbracht, den Direktorenposten hatte er als Krönung einer ansehnlichen Karriere gesehen und ihn sechs Jahre zuvor angenommen. Er habe einen »Fehler in der Kommunikation eines komplizierten Sachverhalts gegenüber der politischen Ebene« gemacht, wie er sich ausdrückte. Dieser Kommunikationsfehler sei ihm zum Verhängnis geworden; es habe einen Verlust gegeben, den er als Leiter des Betriebs auch zu verantworten habe – aber man habe ihm unlautere Motive unterstellt, das Klima sei zunehmend vergiftet gewesen, das habe schließlich zu seinem Hinauswurf geführt.

Auffällig war bei diesem Fall, dass der Mann sich den Fehler, den er nach seiner Darstellung begangen hatte, nicht einmal in Ansätzen verzeihen konnte. Bei der genaueren Besprechung seiner persönlichen Biografie tauchte ein Motiv auf, das ihn offenbar seit dem Studium begleitet hatte: Er war geradezu besessen davon, dass seine Arbeit nur unter der Voraussetzung in Ordnung sei, dass er immer vollkommen fehlerfrei agiere. Ich habe selten einen Menschen erlebt, der so unter dem Zwang eines verinnerlichten Perfektionsanspruchs gestanden hat. Er beantwortete Fehler, die in seiner Arbeit auftauchten, innerlich mit einer unglaublichen Unbarmherzigkeit sich selbst gegenüber. Dieses »Perfektionismusskript« (das unbewusste Lebensdrehbuch mit der zentralen Regieanweisung: »Erlaube dir niemals Fehler«) hatte ihn einerseits zu großen Leistungen befähigt, ihm aber andererseits an wichtiger Stelle in seiner Karriere ein Bein gestellt. Es kam in unserer gemeinsamen Arbeit nämlich immer mehr ans Licht, dass sein sogenannter Kommunikationsfehler gerade durch seinen perfektionistischen Anspruch entstanden war: Er hatte in der Tat aus Scham darüber, dass bestimmte Dinge nicht so perfekt liefen, wie er das von sich (und seinem Betrieb!) erwartet hatte, in verschiedenen Sitzungen die politischen Kontrollgremien nicht umfassend genug informiert. Das rief Misstrauen hervor, und dieses Misstrauen, das ihm von außen begegnete, vermengte sich mit den Selbstvorwürfen, die er sich selber ob seines »Versagens« gemacht hatte, zu einer für ihn unheilvollen Mischung. Er geriet so zunehmend unter Dauerstress und machte dann erst recht Fehler.

Der Mann war in eine Abwärtsspirale geraten: zunehmende Fehler, abnehmende Offenheit in der Kommunikation, wachsendes Misstrauen ihm gegenüber, das schließlich mit seiner Entlassung endete. Da im juristischen Sinn keine schwere Verfehlung vorgelegen hatte, war das Problem zunehmend ein atmosphärisches – die Zusammenarbeit mit der politischen Ebene wurde immer schwieriger, weil man ihm nicht mehr vertraute. Schließlich einigte man sich darauf, dass er geht. Er bekam auch eine Abfindung

131

– aber seine Stelle, die er gerne und mit innerem Engagement ausgefüllt hatte, war er los.

Die therapeutische Arbeit mit dem Mann bestand zunächst darin, ihm zu helfen, sich nicht mehr innerlich so gnadenlos selbst zu bestrafen bei jedem Fehler, den er tatsächlich oder vermeintlich begangen hatte. In einem zweiten Schritt ging es dann darum, ihn zu unterstützen bei der Herausbildung eines funktionaleren Umgangs mit der eigenen Fehlerhaftigkeit, was auch gelungen ist.

»Und nun? Sollen wir ab sofort verkünden, dass alles nicht so schlimm sei und wir bitte schön fröhlich möglichst viele Fehler machen sollen?« So ähnlich hatte mich der Patient gleich mit sehr aggressivem Unterton gefragt, als ich erstmals die vorsichtige Hypothese gewagt hatte, dass sein innerer Umgang mit Fehlern möglicherweise einen wesentlichen Teil des Problems darstellen könnte. Seine Reaktion war insofern durchaus typisch, als Menschen mit einem »Perfektionismusskript« häufig nur in Schwarz-Weiß-Mustern denken können, wenn es um die Frage des Fehlermachens geht: entweder perfekte Fehlerfreiheit oder die Welt geht unter.

Ein solches Denkmuster entspricht natürlich nicht den allermeisten Situationen, um die es im Berufs- und Lebensalltag geht. Nur in James-Bond-Filmen führt eine falsche Bewegung des Helden direkt zum Weltuntergang, etwa wenn der Agent einen Fehler beim Entschärfen einer Atombombe machen würde (was aber glücklicherweise im Kino nie passiert). In den meisten realen Situationen können Fehler ausgeglichen werden. Große Unglücke, auch in hochsicherheitssensitiven Bereichen wie zum Beispiel Atomkraftwerken, passieren in aller Regel nach einer *Summation von mehreren Fehlern*, was zwar selten vorkommt, aber natürlich gelegentlich geschieht.

Evolution ist nur durch Fehler möglich

Die Illusion der perfekten Kontrolle beinhaltet die Vorstellung, man könnte tatsächlich komplett fehlerfrei arbeiten, wenn man sich nur genug anstrengt beziehungsweise die Systeme, mit denen man zu tun hat, so baut, dass keine Fehler mehr vorkommen können – und das ist eine gefährliche Illusion, weil sie eine Grundtatsache des Lebens verleugnet: Das Leben selbst entwickelt sich nur, weil Fehler passieren. Die Mutationen (spontane, ungezielte Veränderungen und sogenannte Ablesefehler) der DNA, der molekularen Bibliothek im Kern jeder lebenden Zelle, auf der alle Bauplaninformationen eines Organismus abgelegt sind, sind die Voraussetzung für die Anpassung der Organismen an veränderte Lebensumstände. Wenn es diese »Fehler« nicht gäbe, wäre eine Evolution des Lebens nicht möglich gewesen, weil auch bei veränderten äußeren Lebensumständen kein biologischer Mechanismus zur Verfügung stünde, der die Organismen anpasst.

Dieses biologische Grundprinzip der Entwicklung allen Lebens gilt allumfassend. Wenn man offenen Auges durch verschiedene Biotope (biologische Umwelten) geht, kommt man aus dem Staunen nicht mehr heraus: Lebewesen passen sich in einem enormen Ausmaß an die jeweiligen Umweltverhältnisse an. Die Forelle im Gebirgsbach, der Bienenstaat, die Sandviper in der Wüste oder der Steinfisch zwischen den Felsen eines tropischen Flachwassers – sie nötigen dem Beobachter durchaus eine gewisse Ehrfurcht vor dieser Eigenschaft des Lebens ab, nämlich sich so zu entwickeln, dass der Organismus perfekt ausgestattet ist für die ökologische Nische, die er bewohnt. Die Natur kann das nur leisten, weil es »Fehler« gibt – also Mutationen der DNA. Und bei diesen »Fehlern« sind immer welche dabei, die dazu führen, dass ein besser an die Umwelt angepasster Organismus herauskommt, der sich dann entsprechend seiner guten Anpassung an die herrschenden Lebensumstände vermehren kann. Natürlich beinhaltet dieses »Versuch-und-Irrtum-Prinzip« auch, dass der fehlangepasste Organismus eine geringere Überlebenschance hat. Und dennoch: Die Mutation als Möglichkeit der Verbesserung ist deutlich überlegen einem Organismus, der sich überhaupt nicht verändern kann. Wenn die Natur diese Art von »Fehler«, wie er durch Mutationen gegeben ist, nicht kennen würde, gäbe es keine Artenvielfalt und keine Anpassung an die sich ständig verändernden Lebensumstände auf unserem Planeten.

Auch unser Gehirn lernt viel nach dem Prinzip von »Versuch und Irrtum«: Wenn wir etwas nicht wissen oder kennen und einfach einmal ausprobieren, wie es gehen könnte, lernen wir sehr schnell – vor allem aus den Fehlern. Weil das so ist, sollten wir uns bemühen, eine gute »Fehlerkultur« auch in Betriebsabläufen oder komplexen Organisationen anzustreben. Häufig ist aber gerade in Hochleistungsbereichen eine perfektionistische Haltung zu beobachten, die im Grunde lebensfeindlich ist.

Ein erschütterndes Beispiel für solch unsinnigen Perfektionismus konnte man während der Olympischen Spiele in Peking sehen. Eine chinesische Athletin, die in ihrer Disziplin »nur« die Silbermedaille gewonnen hatte, brach zusammen, weinte und machte sich bittere Selbstvorwürfe. In dieser Szene wurde die Absurdität und die Unmenschlichkeit einer perfektionistischen »Nur-das-Beste-oder-gar-nichts-Haltung« in einem Bild verdichtet.

Wenn man das Lernen aus Fehlern in einem Betrieb so verankern kann, dass es wirklich eine Fehler-Kultur wird, ist das paradoxerweise vermutlich die beste Möglichkeit, das Vorkommen von Fehlern zu minimieren. Insbesondere die unheilvolle Summation von Fehlern, die entsteht, wenn das System nach der Devise des »Fehlervermeidens um jeden Preis« funktioniert, kann dann umgangen werden.

Die Suche nach dem Schuldigen

Leider funktionieren viele Systeme, die wesentlich auf der Zusammenarbeit von Menschen beruhen, gerade nicht im Sinne einer guten Fehlerkultur – und produzieren dadurch eben die Fehler, die vermieden werden sollen. So habe ich in vielen Teams, die ich supervidiert habe, erlebt, dass beim Auftauchen eines Problems alle Energie in die Frage fließt, wer »schuld« sei an dem Problem. Das ist genau das Gegenteil der Haltung, die weiß, dass Fehler passieren, und die neugierig darauf ist, bei einem auftauchenden Problem zu verstehen, welche Verkettung von Umständen zu dem Fehler geführt hat. Wenn stattdessen das Spiel »Wer ist schuld?« gespielt wird, kommt eine dysfunktionale Dynamik in Gang.

Das liegt daran, dass kein Mensch gerne »schuldig« ist – Schuldgefühle sind mit das Unangenehmste, was uns widerfahren kann. Es ist völlig natürlich, dass alle Mitglieder eines Arbeitsteams versuchen, möglichst »nicht schuld« zu sein, wenn »der Schuldige« gesucht wird. Die gesamte Energie der Beteiligten fließt dann in das Bemühen, nicht schuldig zu sein und gut dazustehen – es liegt nahe, dass eine solche Teamdynamik überhaupt nicht dazu beiträgt, aus Fehlern zu lernen. Der Cartoon in der Abbildung auf Seite 136, dargestellt als Flussdiagramm des Vorgehens beim Auftauchen von Fehlern, ist leider nicht allzu weit von der Wirklichkeit in vielen Arbeitsteams entfernt.

Seit Menschengedenken ist es offenbar psychologisch für eine Gruppe sehr entlastend, wenn bei einem auftauchenden Problem ein Schuldiger gefunden werden kann. Dieser wird dann aus der Gruppe verstoßen, damit ist das Problem vermeintlich gelöst. Schon im Alten Testament wird das Ritual um den Sündenbock beschrieben. Im dritten Buch Mose (Levitikus 16,8–21) wird detailliert geschildert, wie durch dieses ritualisierte Vorgehen am Versöhnungstag (Jom Kippur) dafür gesorgt wird, dass das Volk

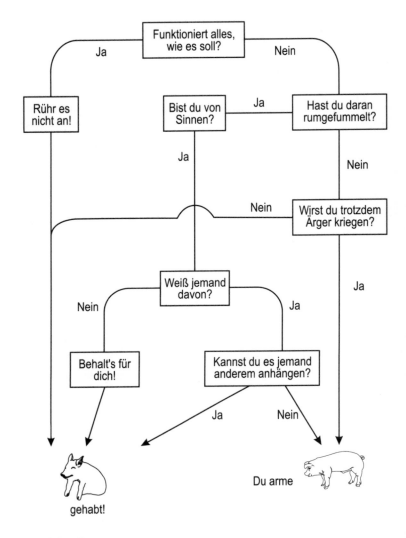

Total Quality Management

Israel seine Verfehlungen loswird. Die Prozedur geht so: Von zwei Böcken wird einer ausgelost. Durch Handauflegen überträgt der Priester die Verfehlungen des Volkes Israel auf diesen Bock, der daraufhin in die Wüste gejagt wird, wo er umkommt. Wenn ich die Rituale in Teams oder Firmen heute beobachte, die stattfinden, sobald etwas schiefgegangen ist, fühle ich mich sehr an dieses archaische Ritual erinnert: von der Beliebigkeit durch das Auslosen des Sündenbocks bis dazu, den Betreffenden in die Wüste zu schicken. Faktisch handelt es sich um magisches Denken, und man ist verblüfft, wie diese uralte Form der Magie heute noch immer wieder gerne zelebriert wird.

Natürlich ist es durchaus mühsamer, bei einem Problem genau zu analysieren, welche Faktoren zum Entstehen des Problems beigetragen haben und wie man es in Zukunft vermeiden kann. Das Sündenbockritual leistet nämlich eines überhaupt nicht: Es löst kein einziges reales Problem und dient mitnichten der zukünftigen Fehlervermeidung. Alles, was es leistet, ist eine psychologische Entlastung auf archaischem Niveau – was, wenn man Respekt gelernt hat vor der Macht der unbewussten Seelenkräfte, für sich genommen gar nicht so wenig ist.

Insbesondere Organisationen, die dadurch auffallen, dass sie einen hohen Verschleiß an zentralen Funktionsträgern aufweisen, benutzen bei Problemen häufig das Sündenbockprinzip. Wenn bei einem auftauchenden Problem ein Sündenbock gefunden und in die Wüste geschickt ist, kommt die Organisation vorübergehend wieder zur Ruhe – bis zum Auftauchen desselben Problems in einer neuen Runde mit neuem Personal. Dann wird wieder ein Sündenbock gesucht – und so weiter. Ein durchgehend zu beobachtendes Merkmal solcher Organisationen ist auch die Personalisierung jeglichen Fehlers. Es wird kein Verständnis für komplexe Abläufe entwickelt, sondern die auftauchenden Fehler werden als Charakterproblem des oder der Beteiligten definiert – in dieser Logik ist es dann »natürlich« und auch folgerichtig, die jeweiligen Menschen, deren persönliche Eigenschaften nach Meinung der Organisation zum Fehler geführt haben, zu entfernen. Solche Organisationen lernen nie wirklich dazu und entwickeln kein gutes Verständnis für zentrale Prozessabläufe und deren konkrete Schwachstellen. Allerdings können sie das Prinzip der magischen Übertragung der Verfehlungen auf einen Sündenbock nur so lange praktizieren, wie neues Personal gefunden werden kann, das die bisherigen Funktionen der jeweiligen Sündenböcke übernimmt. Wenn das nicht mehr funktioniert, kommt die Organisation an die Grenzen ihrer Funktionsfähigkeit. Die entlastenden Wirkungen des alten Sündenbockrituals sind aber offenbar so groß, dass Organisationen, die es benutzen, nur sehr schwer davon zu überzeugen sind, dass dieses Prinzip nicht wirklich Probleme löst und Fehler verhindert.

Fehlerkultur als Stärke

Doch was ist eine gute Fehlerkultur? In meinem Berufsleben bekam ich davon zum ersten Mal eine Ahnung, als ich vor über 30 Jahren in Freiburg studierte. An der medizinischen Fakultät lehrte damals einer der ersten akademischen Lehrer für das Fach »Allgemeinmedizin«, Professor Schrömbgens. Er betrieb eine allgemeinmedizinische Praxis auf dem Land und kam freitagnachmittags in die Universität, um seine Lehrveranstaltung abzuhalten. Sie war für alle klinischen Semester offen, und trotz der ungünstigen Zeit am Freitagnachmittag war der Hörsaal immer voll. Er begann seine Vorlesung grundsätzlich mit der »Fehldiagnose der Woche«. Dazu stellte er einen realen Fall aus seiner Praxis zur Diskussion. Er stellte die Fälle so dar, wie sie ihm im Praxisalltag begegneten. Allein schon das war für uns Studenten eine aufregende Sache, weil wir gewohnt waren, nach der Systematik des Lehrbuches Fälle zu betrachten – in der Wirklichkeit einer Praxis kommt einem aber ein lebender Mensch entgegen, der zunächst mal in gar keine Systematik passt. Die Kunst ist ja dann gerade, herauszufinden, in welche Richtung man überhaupt suchen muss, um die Krankheit und den Kranken zu verstehen. Von alldem bekamen wir durch diese Vorlesungen einen handfesten Eindruck.

Schrömbgens stellte dann vor, welche diagnostischen Schritte oder therapeutischen Maßnahmen er vorgenommen hatte. Er sagte dazu, dass ein Fehler passiert sei, und ließ das Auditorium den Fall diskutieren mit dem Ziel, den Fehler zu finden und daraus zu lernen. Was für mich damals sowohl wichtig als auch beeindruckend war, war die enorme Selbstverständlichkeit, mit der dieser Dozent davon ausging, dass bei so komplexen Aufgaben wie der Diagnosefindung in der Allgemeinpraxis Fehler unvermeidlich sind. Und ebenso, dass es zu unserer ethischen Verpflichtung als Ärzte gehört, immerfort aus Fehlern zu lernen. Diese Einstellung hat eigentlich eine lange Tradition in der Medizin.

Ich habe es in meiner Ausbildung auch erlebt, dass die Pathologie eine hohe Wertschätzung genoss, weil sie uns lehrte, was wir besser machen können – und es ist nie schön gewesen, wenn der Pathologe am Sektionstisch Befunde aufdeckte, die dem Kliniker entgangen waren. In der Gegenwart liefert gerade die Medizin leider auch Beispiele für das Gegenteil einer guten Fehlerkultur – was zum Teil aber am juristischen System liegt, innerhalb dessen wir heute leben. Ein Arzt, der einen Fehler zugibt, läuft nämlich schnell Gefahr, strafrechtlich belangt zu werden mit enormen persönlichen Konsequenzen. So ein System unterstützt eher eine Kultur des Vertuschens als der Offenheit, und es wird schon lange diskutiert, wie man das verbessern könnte.

Eine gute Kultur des Umgangs mit Fehlern muss also zweierlei leisten: Zum einen muss sie bereit sein, Fehlerhaftigkeit als Teil des Lebens grundsätzlich zu akzeptieren. Zum anderen muss gleichzeitig ein klares Interesse vorhanden sein, jeden Fehler als Anreiz zur Verbesserung zu sehen. Das wiederum setzt voraus, dass das Begehen eines Fehlers kein Anlass ist, sich zu verkriechen. Nur dann kann man ohne versteckte heimliche Motivationen, wie zum Beispiel der, auf keinen Fall »schuld« zu sein, echte Fehleranalyse betreiben.

Eine gute Fehlerkultur setzt also aufseiten der Organisation voraus, dass sie gerade nicht der Illusion der perfekten Kontrolle erliegt, sondern akzeptiert, dass Fehler auch in bestorganisierten Systemen vorkommen. Aufseiten der einzelnen Mitglieder der Organisation setzt diese Kultur voraus, dass sie über ein Selbstbewusstsein verfügen, das nicht zusammenbricht, sobald sie feststellen müssen, dass sie fehlerhaft gehandelt haben. Im heutigen öffentlichen Diskurs hat man oft den Eindruck, dass es nicht viele Organisationen gibt, denen es gelingt, diese Kultur zu etablieren und aufrechtzuerhalten. Die hohe Zahl der Mitspieler auf öffentlichen Bühnen, die mehr oder weniger gekonnt vor sich und anderen die Illusion perfekter Fehlerlosigkeit beibehalten wollen, erzeugt beim Beobachter gelegentlich eine Stimmungslage, die irgendwo zwischen Mitleid und Gelächter liegt.

Dieses Phänomen zeigt auch, wie wirkmächtig die Illusion der Kontrolle in unserer Gesellschaft ist. Die Notwendigkeit, das Image ewiger Fehlerlosigkeit vorführen zu müssen, führt dann zum Beispiel dazu, dass ein Unternehmer, der schon einmal in die Insolvenz gegangen ist, es ziemlich schwer hat, Kredit für einen zweiten Anfang zu bekommen. Wenn wir eine funktionalere Fehlerkultur hätten, wäre ein solcher Unternehmer sogar im Vorteil: Er kann aus seinen Fehlern lernen und muss sie nicht wiederholen. Im politischen Raum kann man nur gebannt zusehen, wie manche Akteure immer wieder neu den Eindruck vermitteln wollen, genau zu wissen, was richtig und was falsch ist, obwohl sich Äußerungen oder Handlungen ebendieser Personen in der Vergangenheit teilweise klar als Fehler herausgestellt haben.

Eine gute Fehlerkultur hat noch eine andere, nicht zu unterschätzende Wirkung: Sie stärkt das Vertrauen der

Teammitglieder. Das liegt daran, dass jeder Mensch, der schon eine Weile gelebt hat, genau weiß, dass Fehler passieren – ihm selbst und anderen. In einer Kultur, die Perfektionismus fordert und der Illusion erliegt, man könne komplexe Abläufe vollständig kontrollieren und damit Fehler grundsätzlich vermeiden, muss man dieses Wissen für sich behalten – eine merkwürdige Form der Doppelbödigkeit entsteht, und diese fördert das gegenseitige Misstrauen. Wenn eine gute Fehlerkultur etabliert ist, braucht kein Mitglied des Systems (des Arbeitsteams, der Familie, der Organisation) wider besseren Wissens so zu tun, als glaube er den Unsinn perfektionistischer Fehlervermeidung. Das schafft Vertrauen. Es ist darüber hinaus für die Arbeit in Teams erwiesen, dass die weitaus meisten Mitglieder des Arbeitsteams durchaus von sich aus motiviert sind, ihr Bestes zu geben – Fehlervermeidungsterror ist ängstigend und daher demotivierend. Und an einer Erkenntnis führt kein Weg vorbei: Wenn es darum geht, dass jeder und jede Einzelne das ihm/ihr persönlich maximal Mögliche zum Gelingen einer Unternehmung beiträgt, ist die innere Bereitschaft dieser Einzelnen die entscheidende Größe. Eine gute Fehlerkultur erhöht diese Bereitschaft, weil sie Vertrauen schafft und akzeptiert, dass Menschen – und das Leben selbst – fehlerhaft sind.

Fassen wir zusammen:
- Fehler gehören zum Leben. Die biologische Evolution selbst ist nur durch »Fehler« möglich: Der genetische Code verändert sich durch Mutationen, die dann manchmal zu besseren Ergebnissen führen als zuvor.
- Auch das menschliche Gehirn lernt nach dem Prinzip »Versuch und Irrtum«.
- Perfektionismus im Sinne des »Fehlervermeidens um jeden Preis« ist kontraproduktiv.
- Es ist vernünftig, beim Umgang mit sich selbst und innerhalb einer Organisation eine gute »Fehlerkultur«

einzuführen. Das bedeutet, dass man das Lernen aus Fehlern systematisiert.

- Der weitverbreitete Reflex, beim Auftauchen von Fehlern zuerst nach dem »Schuldigen« zu suchen, ist psychisch entlastend, verhindert aber eine gute Fehlerkultur.
- Organisationen, die zu ihrer Entlastung Schuldige suchen, statt Fehler zu analysieren, neigen dazu, jedes auftauchende Problem zu einem Charakterproblem eines Mitglieds der Organisation zu machen.
- Eine gute Fehlerkultur akzeptiert Fehler als Teil des Lebens und sieht gleichzeitig jeden Fehler als Anreiz zur Verbesserung.
- Ein solchermaßen funktionaler Umgang mit Fehlern vermindert paradoxerweise die Fehlerhäufigkeit und stärkt das Vertrauen der Beteiligten in die gute Funktionsfähigkeit der Organisation.

Burn-out –
Wenn die Illusion der perfekten Kontrolle krank macht

Im Einstimmungskapitel hatte ich schon beschrieben, dass es eine Krankheit gibt, die man direkt als »Kontrollkrankheit« auffassen kann. Es ist die Zwangsstörung, bei der ein Mensch immer wieder dieselbe Kontrollhandlung ausführen oder zwanghaft dieselben Grübelschleifen in seinem Denken vollziehen muss, ohne dass ihn der Vollzug der Kontrollhandlung oder der Gedankenschleife konkret weiterbringt. Die Gewissheit zum Beispiel, dass eine Tür abgeschlossen ist, hält nur kurze Zeit nach der Kontrollhandlung an – dann wird der Kranke wieder von dem Zwang beherrscht, nachschauen zu müssen, ob die Tür auch wirklich zu ist.

Es gibt noch eine andere Störung, mit der ich mich in meiner therapeutischen Tätigkeit in den letzten Jahren immer intensiver beschäftigt habe, weil sie immer öfter vorkommt: das Burn-out-Syndrom. Bei dieser Störung ist der Zusammenhang zu unserem Thema weniger offensichtlich, aber nichtsdestoweniger bedeutsam.

Carl W., 42 Jahre alt, hat beruflich nach längeren »Lehr- und Wanderjahren«, wie er sich ausdrückte, eine interessante Karriere durchlaufen. Er hatte ursprünglich Jura und Volkswirtschaft studiert, sich aber mit dem Studienabschluss Zeit gelassen. Er war schon als Student vielseitig interessiert gewesen und beschäftigte sich neben seinen Studienfächern mit Philosophie, Religionsgeschichte und

*Psychologie. Nach dem Studium ging er ein Jahr auf Rei-
sen nach Asien, wo er sich in verschiedenen Ashrams in
Indien praktisch mit Yoga und Meditation befasste. Nach
seiner Rückkehr fing er in der Personalabteilung eines großen Unternehmens an und stieg in verhältnismäßig kurzer
Zeit in diesem Unternehmen auf. Mit Ende 30 wechselte er
als Leiter der Personalabteilung in ein anderes Unternehmen, in dieser Zeit hatte er auch geheiratet. »Ich war ungeheuer ehrgeizig, und als ich dann noch diese tolle Frau
erobert hatte, hatte ich innerlich das Gefühl, unschlagbar
zu sein: Was kostet die Welt?« Nach seiner Hochzeit sei er
viel dienstlich unterwegs gewesen, er habe die Expansion
seiner Firma begleitet und war verantwortlich für die Ak-
quise guten Personals in ganz Europa.*

*Seine Schwierigkeiten begannen, als die Expansions-
pläne der Firma ins Stocken gerieten und das Unternehmen sogar Personal abbauen musste. Er konnte die entstehenden Konflikte mit der Personalvertretung persönlich
nicht gut austarieren; er nahm immer öfter seine Arbeit
innerlich mit nach Hause. Gleichzeitig beschwerte sich
seine Frau immer öfter, dass er zu wenig zu Hause sei und
nur noch für den Beruf lebe. Als Antwort auf diese Schwierigkeiten arbeitete er härter – was vor allem bedeutete, er
bemühte sich, schneller zu arbeiten, um mehr Zeit für seine
Ehe zu haben. In der Beziehung zu seiner Frau strengte er
sich sehr an, der perfekte Ehemann zu sein. »Es hat nichts
genützt – als ich zum zweiten Mal in der Oper eingeschla-
fen bin, meinte meine Frau, man könne sich ja mit mir
nicht mehr in die Öffentlichkeit wagen – das hat mich damals sehr gekränkt.« Seine Frau begann eine außereheliche
Beziehung mit einem ihrer Arbeitskollegen, worauf Herr
W. sich noch mehr anstrengte, seine Frau zurückzugewinnen. Auch bei der Arbeit war sein einziges Reaktionsmus-
ter auf jede Form von starker Beanspruchung, sich noch
mehr anzustrengen. Er wurde zunehmend schlaflos und
entwickelte einen Bluthochdruck. Wenn er einen Anflug*

des Gedankens spürte, dass er vielleicht überfordert sein könnte, sagte seine innere Stimme immer nur: »Reiß dich zusammen!«

Eines Tages, während einer Präsentation zur Personalentwicklung vor ausländischen Geschäftspartnern, blieb ihm mitten im Vortrag die Stimme weg. Er bekam einen Schweißausbruch und konnte nicht mehr weitermachen. »Ich hatte ein Gefühl, als wären alle meine Muskeln aus geschmolzener Butter.« Er wurde ins Krankenhaus gebracht, wo aber außer dem hohen Blutdruck keine organischen Befunde erhoben werden konnten. Der psychosomatische Konsiliararzt im Krankenhaus stellte schließlich die Diagnose: Burn-out im fortgeschrittenen Stadium.

Burn-out als Prozess

Burn-out ist eine Erkrankung chronischer emotionaler Erschöpfung. Das Burn-out-Syndrom tritt nicht plötzlich auf, sondern ist der Endpunkt einer längeren Entwicklung – deshalb handelt es sich auch weniger um einen Zustand als um einen Prozess, der phasenhaft abläuft. Das englische Lehnwort »Burn-out« lässt uns an die Ruine eines niedergebrannten Hauses denken – aber die Assoziation einer Ruine beschreibt nur den definitiven Endzustand dieses Prozesses, in dem nichts mehr geht.

Menschen, die dabei sind auszubrennen, erleben in der Regel eine Vielzahl von Symptomen, bevor sie in diesen ruinösen Endzustand geraten. Das Wesentliche im Zusammenhang mit unserem Thema ist dabei, dass sie diese Symptome in der Regel entweder verleugnen, also gar nicht zur Kenntnis nehmen, oder bagatellisieren. Dadurch erhalten sie sich die Illusion, »alles im Griff« zu haben. Die panische Angst davor, einen Kontrollverlust über die Funktionen des eigenen Organismus zu erleiden, führt zu einer Pseudosouveränität, die den Betroffenen eine ganze Zeit lang erlaubt, sich selbst und anderen etwas vorzumachen über ihren tatsächlichen Erschöpfungszustand. Im geschilderten Fall des Carl W. ging das so weit, dass er sämtliche Warnsignale, die ihm sein Organismus gesendet hatte, ignorierte, bis er trotz aller Willensanstrengung nicht mehr konnte.

Ein gesunder Mensch ist in der Lage, die Fülle von Signalen, die ihm der eigene Organismus zur Verfügung stellt, wahrzunehmen und angemessen darauf zu reagieren: Müdigkeit, Gliederschmerzen, Hunger, Lustlosigkeit usw. sind ja Hinweise auf den Istzustand zu einem gegebenen Zeitpunkt, die eine adäquate Reaktion erforderlich machen. Menschen, die ausbrennen, blenden diese Hinweise komplett aus zugunsten einer Vorstellung davon, wie sie um jeden Preis zu sein hätten. Der psychologische Fachausdruck für diese Vorstellung ist das »Ich-Ideal«. Ein Ich-Ideal kann dann problematisch werden, wenn es von der Realität der Möglichkeiten, die jemand hat, deutlich abweicht. In der Regel haben Burn-out-gefährdete Menschen ein Ich-Ideal, das von ihnen einen hohen Grad an Pflichterfüllung und Perfektion verlangt. Sie haben Sätze verinnerlicht wie: »Ausruhen ist verschwendete Zeit«, »Nur wer sich unaufhörlich anstrengt, kann erfolgreich sein«, »Fehler machen kommt nicht infrage« usw.

Das Besondere bei Menschen, die einen Burn-out erleiden, ist ihre Vorstellung, dass sie mit purer Willenskraft alles erreichen können – ein Paradebeispiel für die Illusion der perfekten Kontrolle. Selbstverständlich sind Menschen in der Lage, durch ihren Willen die Grenzen der organismischen Leistungsfähigkeit hinauszuschieben – man sieht das bei jedem, der in irgendeinem Gebiet Spitzenleistungen vollbringt, zum Beispiel im Sport. Wenn aber die Grenzen nicht respektiert werden, die trotz maximaler Mobilisation der Willenskraft auftauchen, beginnt ein destruktiver

Prozess, der zum Ausbrennen führt. Gar nicht so selten werden die Grenzen, wenn sie spürbar werden, dann zunächst einmal künstlich verschoben (siehe Exkurs »Alltagsdoping«), was dazu führt, dass nicht wenige Burn-out-Patienten zusätzlich abhängig sind von »Uppers« und »Downers«, also chemischen Substanzen, die aufputschen oder zur Ruhe bringen.

Narzissmus und Burn-out

Ich bin davon überzeugt, dass die Zunahme der Burn-out-Bilder direkt mit der narzisstischen Kultur, in der wir heute in den westlichen Industriestaaten leben, zusammenhängt, und zwar auf mehrfache Weise. Wie ich an anderer Stelle bereits ausgeführt habe, ist die stetige Zunahme der Freiheitsgerade und der Wahlmöglichkeiten, die sich uns heute bieten, durchaus mit einer Belastung für den Einzelnen verbunden: Sie oder er ist viel mehr auf sich gestellt als in einer Gesellschaft, die Rollenbilder, Laufbahnen und Vorstellungen davon, wie »man« zu sein hat, deutlicher vorgibt. Die Notwendigkeit, alles aus sich selbst schöpfen zu sollen – von der Partnerwahl bis zum Beruf, vom persönlichen Styling bis zur Religion usw. –, übt einen enormen Druck aus. Der Raum wird ziemlich klein, in dem ein vertrauensvolles Loslassen ohne Weiteres möglich ist – und damit wird das Loslassen noch angstbesetzter, als es von sich aus schon ist.

Der zweite Aspekt liegt im radikalen Alles-oder-nichts begründet, das für Störungen des narzisstischen Gleichgewichts geradezu charakteristisch ist. »Wenn du nicht Spitze bist, bist du nichts!« – dieses Motto steht unausgesprochen über immer mehr Bereichen des burn-out-gefährdeten Menschen. Dass es lebensfremd ist, sämtliche Zwischenstufen und Grautöne zwischen »ganz schwarz« und »ganz weiß« auszublenden, fällt gar nicht mehr auf. Selbst die sportlichen Aktivitäten der sogenannten High Performer sind von einem Geist beseelt, der in früheren Zeiten einmal nur den olympischen Gipfeln vorbehalten war: schneller, höher, weiter. Sport aus schlichter Freude an der Bewegung ohne permanenten Wettbewerb um die beste Leistung ist heutzutage »altmodisch«.

Auch der eigene Organismus muss nach Effizienzkriterien optimiert werden. Zum Beispiel Ernährung: Eine ganze Industrie lebt davon, dass immer mehr Menschen viel Energie in die Frage stecken, ob sie nicht doch noch ihre Ernährung ein bisschen mehr optimieren könnten: »Du bist, was du isst«, »Bleiben Sie leistungsfähig bis ins hohe Alter durch Nahrungsergänzungsstoff XY« usw. Schlichter sinnlicher Genuss muss zumindest mit einer gehörigen Portion schlechten Gewissens bezahlt werden, und die Abweichung vom Idealgewicht zeigt, wie undiszipliniert man doch ist und – dass man sich nicht genügend anstrengt. Derselbe Geist des »Es-ist-nie-genug« beflügelt die Wirtschaft, was in zentralen Bereichen der Ökonomie zu einem Totalverlust des Gefühls für sinnvolle Grenzen führt. Dies zieht ein grenzenloses Risikoverhalten der ökonomischen Akteure nach sich mit gravierenden Konsequenzen für den Wohlstand und die Wirtschaft der Welt.

Tiefenpsychologisch betrachtet sind das alles durchaus Symptome einer narzisstischen Entgleisung: Es genügt längst nicht mehr, zu sein, wie man ist. Man muss sich permanent und auf allen Ebenen anstrengen und »optimieren«. Auch bei diesen Themen geht es um das richtige Maß – Ehrgeiz an sich ist nicht schlecht, Leistungsbereitschaft und der Wunsch, auch die eigenen Grenzen einmal auszuloten, auch nicht. Ausbrennen kann nur der, der das Maß nicht kennt. Beim Thema »Burn-out und Narzissmus« muss man auch erwähnen, dass es durchaus soziale Pluspunkte bringen kann, auszubrennen: »Er/Sie hat sich ja vollkommen aufgeopfert für seinen Beruf/ihre Familie« usw. Diese Bewertung, die man gar nicht so selten antrifft, ist insofern fatal, als sie Menschen, die auf dem Weg des Ausbrennens sind, eher darin bestärkt, diesen Weg bis zum bitteren Ende zu gehen.

Wenn man dann mit ausgebrannten Menschen arbeitet, trifft man häufig auf eine tiefe Scham und heftige Schuldgefühle. Diese Patienten, denen es sowieso schon ziemlich schlecht geht, werfen sich oft noch vor, dass sie zusammengebrochen sind, und gehen innerlich mit sich selbst massiv abwertend und anklagend um. Sie hassen häufig ihren Körper, weil der sich ihrer Willenskontrolle nicht mehr unterworfen hat. In der Therapie ist es dann wichtig, zunächst einmal einen Raum zu schaffen, in dem die innere gnadenlose Vorgabe, wonach man sich gefälligst bis zum körperlichen und seelischen Zusammenbruch anzustrengen habe, nicht mehr so stark zum Tragen kommt.

Fast jeder Burn-out-Patient hat die Vorstellung, dass es eigentlich »nur« um die Wiedergewinnung der perfekten Kontrolle geht – die ja tatsächlich immer eine Illusion ist, weil der Organismus im gesunden wie im kranken Zustand nur teilweise unserer bewussten und willentlichen Kontrolle unterliegt. »Doktor, machen Sie mich schnellstmöglich wieder fit!«, ist der ausgesprochene oder unausgesprochene Auftrag, mit dem fast alle ausgebrannten Patienten zur Behandlung kommen. Für die meisten von ihnen ist es zunächst gar nicht vorstellbar, dass es möglicherweise um nichts weniger als einen Paradigmenwechsel für das eigene Leben gehen könnte: von der Vorstellung, alles im Leben perfekt kontrollieren zu müssen – und zu können! – zu der Idee, dass weniger Kontrolle auch für sie lebensfreundlicher sein könnte. Sie müssen dann oft mühsam lernen, die Signale des Organismus nicht als lästiges Störfeuer für ihre Leistungsfähigkeit wahrzunehmen, sondern als hilfreiche Hinweise, die es lohnt, zu beachten.

Die Rückkehr zu menschlichen Maßstäben

Hier unterscheidet sich eine fundierte psychosomatische Behandlung am deutlichsten von den Fitness- und Wellness-Programmen, die mittlerweile in praktisch jedem Businesshotel angeboten werden. Es geht eben nicht darum, die Leute einfach nur wieder fit zu machen für die nächste Runde im Hamsterrad.

Das Bild, das sich ausgebrannte Menschen häufig von sich selbst machen, ist eher ein maschinelles – als könnte man einen lebendigen Organismus »tunen« wie einen Rennwagen. Die psychosomatische Therapie hat zum Ziel, wieder ein Gespür für diesen lebendigen Organismus und seine vielfältigen Möglichkeiten, aber eben auch für seine Grenzen herzustellen. Solche Therapieprozesse haben einen handfesten körperlichen Aspekt. Dabei geht es um die Behandlung bereits eingetretener Erkrankungen, wie zum Beispiel des Bluthochdrucks, der bei Burn-out-Patienten sehr häufig vorkommt. Es geht auch um eine gute Ernährung – aber gerade nicht in dem Sinne, höchst kontrolliert und nährstoffoptimiert zu essen, sondern durch bessere Wahrnehmung der Bedürfnisse des eigenen Körpers das zu essen, was der Organismus braucht, und eine Fähigkeit zum Genuss zurückzugewinnen. Genuss – auch des Essens – hat etwas mit bewusster Wahrnehmung und auch mit Langsamkeit zu tun; einen im Vorbeigehen hinuntergeschlungenen Bissen kann man nicht genießen, ebenso wenig die Mahlzeit, die neben der Arbeit am Schreibtisch zu sich genommen wird. Weiter geht es um die Wahrnehmung und Befriedigung der Bewegungsbedürfnisse des eigenen Körpers und um eine ausreichende Menge Schlaf.

Ausgebrannte Menschen müssen oft regelrecht neu lernen, auf ihren eigenen Organismus zu hören. Der wichtigste Bestandteil der Behandlung des Burn-out-Syndroms ist aber die mentale Umstellung: die verinnerlichten dysfunktionalen Antreiberbotschaften, die als einzigen Umgang mit hoher Beanspruchung ein Noch-mehr-Anstrengen befehlen, werden im ersten Schritt den Betroffenen bewusst gemacht. Im zweiten Schritt werden sie dabei unterstützt, nach einer für sie machbaren lebensfreundlicheren Haltung zu suchen. Dieser Prozess ist zum einen mit Mühe verbunden, weil es immer Arbeit bedeutet, sich die eigenen, implizit ablaufenden Programmierungen bewusst zu machen und sie behutsam zu ändern. Zum anderen berichten aber die meisten Patienten, dass sie es als sehr beglückend erleben, der grausamen Peitsche der inneren Antreiber allmählich zu entkommen und neue, gesündere Einstellungen zu suchen, die dann peu à peu auch zu verändertem Alltagsverhalten führen.

Entscheidend dabei ist es, dass man sich der Tatsache gewahr bleibt, dass diese Veränderungsprozesse nur dann Aussicht auf nachhaltigen Erfolg haben, wenn sie langsam und nur Schritt für Schritt erfolgen. Menschen mit einem verinnerlichten Burn-out-Skript neigen sowieso dazu, nach der intellektuellen Erkenntnis der Zusammenhänge, die zum Ausbrennen geführt haben, alles auf einmal ändern zu wollen. Das ist deshalb fatal, weil die Aussicht auf Erfolg sehr gering ist, wie jeder weiß, der sich schon einmal am Silvesterabend vorgenommen hat, sein ganzes Leben zu ändern: Spätestens am 2. Januar sind die Vorsätze verglüht wie eine Silvesterrakete – und die Folgen für die Änderungsmotivation sind verheerend und werden im günstigsten Fall mit Galgenhumor genommen, wie bei dem Satz: »Rauchen aufhören muss besonders leicht sein. Ich kenne viele, die das schon öfter gemacht haben«, der Mark Twain zugeschrieben wird.

Ein Erfolg dagegen, der messbar ist, fördert die Motivation, Dinge nachhaltig zu verändern, deutlich. Es ist aber geradezu charakteristisch für Menschen, die ausbrennen, dass sie zum Beispiel nach der Erkenntnis, zu wenig Bewegung zu haben, sagen: »Das ändere ich jetzt – morgen fange ich an zu trainieren, und im Herbst laufe ich beim nächsten Berlin-Marathon mit.« Mit diesen Patienten einige ich mich dann meist auf ein deutlich niedrigeres Ziel, zum Beispiel das, jeden Morgen 20 Minuten locker zu laufen – ohne eine Vorgabe, wie groß die Strecke in der Zeit sein muss, die sie zurücklegen. Wenn es ihnen gelingt, das drei Monate durchzuhalten, sind sie viel weiter gekommen als bei dem Vorsatz, auf einen Marathonlauf zu trainieren, der nach zwei Wochen wieder aufgegeben wird.

Um ein Gefühl für das eigene lebendige organismische Maß zu bekommen, muss man ein Gespür für Rhythmus entwickeln – schließlich kann niemand immer nur einatmen. Der Wechsel zwischen Anstrengung und Loslassen ist dem Leben eingeschrieben, so wie der Tod die konstituierende Bedingung des Lebens ist. Man muss das Gespür für den richtigen Zeitpunkt für eine Sache (Kairos) zurückgewinnen und einen guten Kontakt zur eigenen Intuition herstellen können. Kurzum: Man muss die Illusion der perfekten Kontrolle aufgeben, wenn man dem Burnout entkommen will.

Fassen wir zusammen:
- Burn-out hat mit der Illusion zu tun, durch Willensanstrengung alles erreichen zu können, was man sich vornimmt.
- Bei Burn-out handelt es sich mehr um einen Prozess als um einen Zustand.
- Ausgebrannte Menschen haben oft die Vorstellung, dass alles gut wäre, wenn sie sich noch mehr anstrengen.
- Burn-out-Prozesse hängen eng mit der heutigen Überbetonung narzisstischer Ideale zusammen.
- Um gesund zu werden, muss das Bild vom Körper als funktionierende Maschine ersetzt werden durch eine Vorstellung vom eigenen, lebendigen Organismus.

Paradoxien der Kontrolle

Seit vielen Jahren wird in der Industrie systematisches Qualitätsmanagement betrieben. Darunter versteht man die Anwendung von Kontrollsystemen, die einen Produktionsprozess so kontrollieren sollen, dass eine gleichbleibend hohe Qualität des Produkts gewährleistet ist. Diese Grundidee wurde nach und nach von der Herstellung von Produkten auch auf Dienstleistungen übertragen, und in den 90er-Jahren des vergangenen Jahrhunderts war sie in Deutschland auch in der Medizin angekommen. Man kann heute als Arzt einen Zusatztitel »Qualitätsmanager« erwerben, wenn man einen Lehrgang erfolgreich absolviert, der die Grundlagen des Qualitätsmanagements in der Medizin vermittelt. Außerdem gibt es mittlerweile eine Vielzahl von Zertifikaten, mit denen sich Kliniken schmücken und die besagen, dass man nach diesem oder jenem System »qualitätsgeprüft« sei.

Qualitätsmanagement: Das Gegenteil von Qualität?

Das Beispiel, um das es mir hier geht, zeigt eine Paradoxie auf, die bei zu viel Kontrolle häufig zu beobachten ist: dass nämlich das Gegenteil dessen erreicht wird, was man erreichen möchte. Die folgende Geschichte hat sich in einer Klinik zugetragen, die als eine der ersten das EFQM-Modell des systematischen Qualitätsmanagements angewendet hatte (EFQM = European Foundation for Quality Management, 1988 als Non-Profit-Organisation gegründet). Die Klinik erhoffte sich dreierlei: eine für die Patienten spürbare Verbesserung der Qualität ihrer Dienstleistung, nach innen ein Bewusstsein und einen anhaltenden Reflexionsprozess über diese Qualität bei den Mitarbeiterinnen und Mitarbeitern und schließlich einen positiven Werbeeffekt in der Außendarstellung der Klinik.

Um überhaupt beginnen zu können, musste das Team der Klinik zunächst einmal alle Prozesse, die für die Betreuung der Patienten relevant waren, schriftlich niederlegen. Alle Klinikabläufe mussten in nach der von der EFQM vorgegebenen Schablone beschrieben werden. Das hat enorm viele Ressourcen an Personal und Zeit verschlungen, und viele Klinikmitarbeiter murrten. Als der Bericht schließlich fertig war, kam eine Kommission ins Haus, die ihn nach einem bestimmten Punktesystem bewertete. Es kam eine verhältnismäßig schlechte Bewertung heraus, was alle Beteiligten erstaunte: »Sind wir wirklich so schlecht?« Der Leiter der Kommission meinte damals, die geringe Bewertung liege hauptsächlich daran, dass der Bericht nicht genau das abbilde, was in der Klinik geschehe – die Abläufe, die von den Qualitätskommissaren vor Ort inspiziert worden waren, seien besser als im Bericht dargestellt. Man müsse vielleicht lernen, die Berichte besser abzufassen, sodass die einzelnen Prozessabläufe in der Klinik genauer geschildert werden. Man heuerte eine Firma an, die sich auf EFQM spezialisiert hatte und in teuren Seminaren vermittelte, wie ein EFQM-Bericht auszusehen hat, damit er gut bewertet wird.

Erneut floss viel Energie der Mitarbeiterinnen und Mitarbeiter in das Qualitätsmanagement, dieses Mal in die Optimierung des Berichts. Eines Tages bekam der Klinikchef mit, wie eine Schwester zu einer Patientin, die etwas von ihr wollte, sagte: »Ich habe jetzt keine Zeit, ich muss unseren Qualitätsbericht bis morgen abgeben.« Das war eine Schlüsselszene für den Beschluss der Klinikleitung, das Experiment mit der systematischen Qualitätskontrolle dieser Art zu beenden.

Was war geschehen? Die Art und Weise der Kontrollmethode, die angewendet wurde, hat die Kräfte so monopolisiert, dass für die eigentlich zentrale Kernaufgabe der Klinik, nämlich sich um die Patienten zu kümmern, immer weniger Zeit übrig blieb. Qualitätsmanagementsysteme haben den Anspruch, buchstäblich alles, was innerhalb einer Organisation abläuft, transparent und damit kontrollierbar zu machen: vom Leitbild der Organisation und dessen Vermittlung an die Mitarbeiter und nach außen bis zu der Frage, wer sich wie und wie oft um die Sauberkeit auf den Gästetoiletten kümmert. Zunächst klingt das wie eine gute Idee – in hochkomplexen Organisationen wie einem Krankenhaus kann das aber schnell zu der absurden Situation führen, die in der geschilderten Szene zwischen der Schwester und ihrer Patientin deutlich geworden ist: Die Schwester kann sich nicht mehr um die Patientin kümmern, weil sie sich mit der schriftlichen Darstellung befassen muss, wie gut sie die Patienten betreut ...

Dienst nach Vorschrift: Wenn nichts mehr funktioniert

Es gibt solche Paradoxien in vielen Lebensbereichen – denken Sie nur noch einmal an das Beispiel des »Dienstes nach Vorschrift«. Wenn in einer Organisation Dienst nach Vorschrift gemacht wird, befindet sich diese Organisation in einer Form des Streiks! Mit anderen Worten: Wenn alle Vorschriften penibel berücksichtigt werden, die es heutzutage für Arbeitsabläufe gibt, bricht die Arbeitsfähigkeit der Organisation zusammen. Das ist übrigens in allen Branchen so, drum funktioniert der Dienst nach Vorschrift als Methode, die Arbeit praktisch lahmzulegen, immer gut. Das Originelle an dieser Form des Streiks ist, dass er gar nicht wie ein Streik daherkommt, sondern nur die Tatsache ausnutzt, dass ausufernde Vorschriftssysteme das Leben ersticken.

Leider bewegen wir uns in weiten Teilen von Wirtschaft und Gesellschaft sehr nahe an oder schon jenseits der Kante, wo das Paradox der Kontrolle in eine Form von Anarchie umschlägt. In der Medizin sind Qualitätsmanagementsysteme für Kliniken und Praxen mittlerweile verpflichtend vorgeschrieben, weil man die an sich ja gute Idee hat, dadurch eine bessere Vergleichbarkeit von Einrichtungen und einen insgesamt höheren Qualitätsstandard erreichen zu können. Wie gesagt, kann das leider genau zum Gegenteil dessen führen, was man anstrebt. Dazu fand ich im *Spiegel,* Heft 41/2003, folgendes Zitat: »Die Urkunde hängt im Flur, Erdgeschoss links, es ist eines dieser Zertifikate, die sich Verwaltungschefs gern an die Wand nageln, als Zeugnis ihrer perfekt verwalteten kleinen Welt: Die .... Klinik in ... hat also ein Qualitätsmanagementsystem eingeführt, auf allen Etagen, in allen Abteilungen, mit einem ›klinischen Risikomanagement‹ in allen Bereichen. Was nun vermutlich jedes Risiko erfasst. Abgesehen offenbar von dem Risiko, in der Klinik getötet zu werden.« Es wurde darüber berichtet, dass die Staatsanwaltschaft Ermittlungen gegen eine Ärztin durchführte, der Diagnose- und Therapiefehler mit Todesfolge in vielen Fällen vorgeworfen worden sind – der Bereich dieser Fehler wurde vom Qualitätsmanagementsystem nicht erfasst.

Dies ist sicher ein extremes Beispiel. Aber auch wenn man sich im Alltag nach Kontrollparadoxien umschaut, wird man schnell fündig: zum Beispiel im Steuersystem unseres Staates. Selbst erfahrene Steuerberater gestehen heutzutage ein, dass sie nicht mehr in der Lage sind, das deutsche oder gar europäische Steuersystem so zu überblicken, dass sie sich zutrauen, bei allen Konstellationen, mit denen ein Kunde zu ihnen kommt und um Rat fragt, eine wirklich kompetente Auskunft geben zu können. Das Ausmaß an Regeln, Ausführungsbestimmungen und Regeln zum Verändern der Regeln hat zum Gegenteil des Erwünschten geführt: Der Versuch des kontrollierenden Überblicks mündet im Chaos. Kein systematisches Vorgehen ist mehr möglich, sondern ein Konglomerat von vielen Zufällen entscheidet darüber, was im Einzelfall tatsächlich geschieht.

Ähnlich ist es bei sogenannten Patientenkarrieren. Damit ist der Weg gemeint, den ein Patient im Medizinsystem tatsächlich nimmt. Von der Systematik der Medizin her gesehen müsste eigentlich klar sein, dass diese Wege bestimmt werden durch die Art der Krankheit, den Schweregrad und die notwendigen Maßnahmen, die zur Besserung oder Heilung erforderlich sind. Im wirklichen Leben gehen Patienten mit genau derselben Ausgangssituation aber völlig verschiedene Wege. Es macht einen großen Unterschied, ob ein Patient mit einer unklaren Symptomatik zuerst zum Hausarzt auf dem Lande geht, zum niedergelassenen Internisten in der Stadt, in die Ambulanz eines Kreiskrankenhauses oder in die Notambulanz einer Universitätsklinik. Die Patientenkarriere ist also nur sehr zum Teil von der rationalen, medizinisch sinnvollen Vorgehensweise bestimmt, die man in den entsprechenden Leitlinien der medizinischen Fachgesellschaften nachlesen kann, sondern von ganz anderen, weitgehend zufälligen Umständen, die mit dem Inhalt dieser Leitlinien nicht das Geringste zu tun haben.

Namentlich psychosomatisch und psychotherapeutisch tätige Ärzte können ein Lied davon singen, welche langen Wege viele Patienten etwa mit einer Suchtkrankheit oder einer Depression gehen müssen (und welche Kosten dabei verursacht werden), bis die richtige Diagnose gestellt und die entsprechende Therapie eingeleitet werden kann. Hier nützen weder bessere Leitlinien noch andere Versuche

etwas, die Wege eines Patienten ein für allemal genau festzulegen und dies auch zu kontrollieren. Die Nichtkontrol-
lierbarkeit ist ein Teil des Systems, mit dem wir vermutlich
werden leben müssen – was uns nicht daran hindern soll,
uns weiterhin zu bemühen, unnötig lange Wege eines Patienten abzukürzen.

Es gibt noch viele ganz alltägliche Paradoxien, die jeder
kennt: zum Beispiel wenn man unbedingt einschlafen will.
Meistens gelingt das nicht – je mehr wir uns zwingen wollen, desto wacher wälzen wir uns herum. Erst wenn man
nicht mehr verbissen schlafen will, kann man einschlafen –
weil Einschlafen-Können etwas mit *Lassen* zu tun hat und
nicht mit *Machen*. Oder das berühmte »Sei-spontan-Para-
dox«: Wenn jemand aufgefordert wird, spontan zu sein, ist
es schon vorbei mit der Spontaneität – diese ist ja dadurch
gekennzeichnet, dass sie keiner Kontrolle unterliegt. In dem
Moment, wo die bewusste Aufmerksamkeit auf die Spontaneität gelenkt wird, wird bereits Kontrolle ausgeübt, und
diese ist das Gegenteil von Spontaneität. Sie können das
sofort ausprobieren: Bitte atmen Sie, während Sie diese Zei-
len lesen, ganz natürlich. Was passiert? Der bisher von allein fließende Atemrhythmus verändert sich in dem Augenblick, sobald ich mich ihm bewusst zuwende. Erst wenn die
Aufmerksamkeit wieder vollständig woanders ist, stellt sich
der natürliche, ohne bewusste Lenkung erfolgende Rhythmus Ihres Atems wieder ein.

Neurose als Kontrollparadox

Im Bereich der Psychotherapie begegnet einem das Kon-
trollparadox, das im Wesen der Neurose liegt, ständig. Es
ist charakteristisch für Neurosen, dass der Patient oder die
Patientin versucht, die Wiederholung einer bestimmten

schmerzhaften Lebenserfahrung mit allen Mitteln zu vermeiden. Häufig führt genau dieses Vermeiden-Wollen um jeden Preis dazu, dass die Patienten in genau der Situation landen, die für sie so schmerzlich ist. Dazu ein konkretes Beispiel:

Ein Mann, der sich selbst unter hohen sexuellen Leistungsdruck stellt, hat eine Erektionsstörung, als er zum ersten Mal mit seiner neuen Freundin schlafen will. Diese Erfahrung erlebt er als sehr beschämend und möchte sie unbedingt in Zukunft vermeiden. Dadurch erhöht sich der innere Leistungsdruck immens – und je mehr er sich selbst unter Druck setzt, desto weniger bekommt er eine Erektion zustande, wenn er mit seiner Freundin zusammen ist. Organisch ist der Mann gesund, er hat auch keine Erektionsstörungen außerhalb der Situation, es geht um den »Terror im Kopf« – wie bei jeder neurotischen Störung.

Paradoxien als Teil der Natur

Wir wollen uns diese Paradoxien einmal etwas näher anschauen. Ein Paradoxon ist ein scheinbar oder tatsächlich unauflösbarer Widerspruch. Im Bereich der Technik und der exakten Naturwissenschaften sind Paradoxien immer störend, hier gilt: »Ex contradictione sequitur quod libet« (aus Widersprüchlichem folgt Beliebiges). Die Abwesenheit von Paradoxien oder, andersherum gesagt, die Widerspruchsfreiheit logischer Aussagen ist essenziell, wenn man zum Beispiel in den Ingenieurswissenschaften eine Maschine bauen will, bei der bei einem bestimmten Knopfdruck immer das Gleiche geschieht. Wir befinden uns hier im Bereich der aristotelischen Logik: wenn a = b und b = c, dann ist auch a = c, und zwar eindeutig. Maschinen, die derart widerspruchsfrei und logisch funktionieren, werden auch »triviale Maschinen« genannt – trivial wegen ihrer absoluten Berechenbarkeit. Die Welt dieser berechenbaren Klarheit ist die des Positivismus und der Objektivität: Es kann in dieser Welt klar gesagt werden, was wahr und was falsch ist. Ein Gutteil unseres westlichen, technikbasierten Zivilisationsmodells beruht genau auf dieser Klarheit und Exaktheit.

Aus dieser Welt kommen auch die logischen Kontrollsysteme, die auf dem Papier immer gut aussehen, manchmal jedoch trotzdem versagen ... aber warum eigentlich? Die Antwort ist verhältnismäßig schlicht: weil die meisten komplexen Gegebenheiten, etwa menschliche Organismen oder Volkswirtschaften, sich mitnichten verhalten wie triviale Maschinen. Dabei geht es ausdrücklich nicht darum, dass wir nur nicht genug Rechenkapazität haben, um alle Bedingungen für ein komplexes Geschehen zu erfassen, etwa nach dem Motto: Wenn wir erst (schnellere, größere usw.) Computer haben, werden wir bei bekannter Ausgangslage auch mit Sicherheit den Endzustand eines Systems errechnen können, wir müssen ja nur die bekannten deterministischen Naturgesetze anwenden. Das stimmt nicht, weil komplexe Systeme prinzipiell nicht linear sind und Elemente »chaotischen«, sprich nicht vorherberechenbaren Verhaltens enthalten. Mit anderen Worten: Es gelingt aus grundsätzlichen, der Natur inhärenten Gründen nicht, ein komplexes System so zu berechnen, dass exakte Vorhersagen möglich sind.

Der Physiker Hans-Peter Dürr hat dies mit verhältnismäßig einfachen Mitteln in Form eines »Tripelpendels« anschaulich gemacht. Das ist zunächst ein gewöhnliches Pendel, an dessen Ende ein zweites Pendel angebracht ist, an dem wiederum ein drittes Pendel befestigt ist. Wenn man diese miteinander verbundenen Pendel nur leicht in Schwingung versetzt, entsteht eine mit den Mitteln der Mathematik berechenbare Bewegung. Bei einem sehr starken Anstoß aber gerät das System in seine chaotische Phase – die Art der Bewegung ist jedes Mal ein bisschen anders und grundsätzlich nicht berechenbar. Der Endzustand ist bei diesem Experiment aber immer gleich – aufgrund der Reibungskräfte und der Schwerkraft kommt das System immer zur Ruhe. Wenn man eine Analogie zum Leben sehen will: Dass wir alle sterben müssen, ist klar (Endpunkt), wie unser Leben aber bis dahin verläuft, ist weder hundertprozentig planbar noch im Voraus berechenbar.

Die im Experiment von Professor Dürr dargestellten Zusammenhänge sind uns aus dem Lebensalltag sehr geläufig: So treffen zum Beispiel mit Regelmäßigkeit die Prognosen der sogenannten Wirtschaftsweisen über die Entwicklung der Volkswirtschaft nicht zu. Oder ein anderes Beispiel: Erfahrene Ärztinnen und Ärzte sind sehr zurückhaltend mit Aussagen wie: »Bei dieser Diagnose haben Sie noch soundso lange zu leben.« Das gibt es eigentlich immer nur in den Arztserien des Fernsehens; wer lange genug konkrete Patienten behandelt hat, weiß genau, dass Verläufe von Krankheiten und Genesungsverläufe prinzipiell nicht mit Sicherheit vorausgesagt werden können.

Wir haben es also mit dem Paradoxon zu tun, dass wir in einer Welt leben, deren Naturgesetze sehr wohl zuverlässig gelten und eine Berechenbarkeit ermöglichen – sonst könnten wir schließlich keine Häuser bauen und keine Autos fahren. Andererseits ist die Erfahrung eben auch alltäglich, dass eine *komplette* Berechenbarkeit bei vielen wichtigen Dingen mitnichten gegeben ist. Mit diesem alltäglichen Paradoxon müssen wir lernen zu leben – und das eben heißt nicht, dass wir eine der beiden Seiten (die exakte Berechenbarkeit oder das Chaos) aus dem Leben tilgen können.

Hier sind wir bei einem zentralen Punkt der Illusion der perfekten Kontrolle angelangt. Es ist letztlich die Illusion, die unberechenbare Seite der Existenz ein für alle Mal tilgen zu können. Praktisch alle totalitären Systeme, egal welcher Couleur, verbreiten diese Botschaft: Wenn alles so läuft, wie das in unseren Vorhersagen angekündigt wird, wird die Menschheit erlöst und alle werden immer glücklich sein. Ob es sich um das »Dritte Reich«, das Engagement für den »kommunistischen Endzustand« oder die Vision eines religiösen Sektierers von der perfekten menschlichen Gemeinschaft handelt – alle diese Systeme versuchen die Unberechenbarkeit zu tilgen. Das ist auch der Grund, warum totalitäre Systeme so viel Angst vor freien Menschen mit freien Gedanken haben müssen: Sie sind die Verkörperung des Unberechenbaren schlechthin. Und es gab noch kein totalitäres System in der Geschichte der Menschheit, das nicht früher oder später damit begann, diese Menschen zu vernichten. Dahinter steckt die Vorstellung, dass man das »Übel« nur ausrotten müsse, damit das Paradies kommen kann. Alle diese Systeme haben die Vorstellung eines Endzustandes der völligen Kontrolle. Der Traum aller totalitären Ideologien ist die Vorstellung, eine »große Lösung« finden zu können. Deshalb müssen sie den anderen Pol der Paradoxie, in der wir leben, zerstören, was aber aus prinzipiellen Gründen nicht geht. Unsere Wirklichkeit ist nicht unipolar und linear, sondern, wie oben dargestellt, zu weiten Teilen paradox.

Wir haben das im Kapitel »Macht« schon gesehen: Egal wie hoch der Blutzoll war, den ein totalitäres System für die Illusion der perfekten Kontrolle bereit war einzufordern: Auf Dauer konnte sich kein solches System halten, und die perfekte Kontrolle hat keines dieser Systeme je erreicht. Das wundert uns nicht wirklich, weil die Idee, die Unberechenbarkeit zu tilgen, keine Grundlage in der lebendigen Wirklichkeit hat.

Die Relativierung alter Gewissheiten

Auf dem Weg in die Postmoderne entstanden neben den totalitären »-ismen« (Faschismus, Kommunismus usw.) ein paar »-ismen« ganz anderer Art. Diese beziehen die Tatsache mit ein, dass eine perfekte Kontrolle, Vorhersagbarkeit von Ereignissen und Eindeutigkeit von »richtig« und »falsch« in weiten Bereichen lebensfremd ist.

So trat in der Medizin mit der zunehmenden Bedeutung der Psychosomatik neben den objektiven Befund das subjektive Befinden als wesentliches Element für Diagnostik und Therapie. *Subjektivismus*, ein Wort, das bis heute in den exakten Naturwissenschaften eher verdächtig klingt, gewinnt in der Krankenbehandlung an Bedeutung. Es spielt zum Beispiel in der Krebsbehandlung nicht nur eine Rolle, ob bei diesem oder jenem Medikament die statistische Besserungsrate um einige Prozent besser ist als bei einem anderen Mittel, sondern auch die Frage ist entscheidend für die Therapieentscheidung, wie es dem Patienten geht, wenn er dieses Medikament nehmen muss. Was so selbstverständlich klingt, war vor 30 Jahren noch keineswegs allgemeiner Konsens in den Kliniken – den rein objektiven Daten folgend, hat man sich immer für die Therapie entschieden, die statistisch gesehen einen Vorteil gebracht hat, auch wenn der Gewinn für den einzelnen Patienten nicht ersichtlich war oder die Nebenwirkungen einer vermeintlich besseren Therapie jeden statistischen Vorteil ad absurdum geführt haben.

Der *Konstruktivismus* steht für die Erkenntnis, dass der Beobachter eines Systems immer Teil dieses Systems ist und seine Wahrnehmung davon abhängig ist – eine »unabhängige« oder »objektive« Betrachtungsweise gibt es nicht. Jeder Beobachter »konstruiert« seine Wahrnehmung abhängig von seinen Vorerfahrungen, seinem Platz im System, seinen Interessen usw. Wenn man den Konstruktivismus zu Ende denkt, bedeutet er den Abschied von der Idee, es gäbe eine äußere Wirklichkeit, die völlig unabhängig von dem ist, der sie wahrnimmt. Diese Diskussion wurde schon in der Antike geführt, wobei Plato eher die Idee der vom Beobachter unabhängigen Wirklichkeit vertrat und Aristoteles schon ahnte, dass es diese so nicht gibt. Der Konstruktivismus spielt zum Beispiel eine bedeutende Rolle in Theorie und Praxis der systemischen Familientherapie. Man bemüht sich dabei zum Beispiel, die sinnlosen Diskussionen darum, wer recht hat bei einem Konflikt, durch ein Verständnis dafür zu ersetzen, dass derselbe Konflikt völlig anders aussieht, je nachdem, wer im Familiensystem darauf schaut. Der konstruktivistische Ansatz kann sehr produktiv sein, wenn Systeme beginnen zu lernen, dass es absolute Wahrheiten in zwischenmenschlichen Beziehungen nicht gibt und ein Dialog beginnen kann zwischen der Wahrheit des einen und der Wahrheit des anderen.

Unter *Perspektivismus* versteht man die Auffassung, dass jede Aussage kontextabhängig ist. So finden wir zum Beispiel in Darwins Schriften, wenn er sich mit dem Menschen als Spezies beschäftigt, deutlich sozialdarwinistische Aussagen, wonach sich der Stärkere im Kampf ums Dasein durchsetzt. Wenn sich derselbe Autor über den Menschen als Individuum äußert, klingt das ganz anders – hier werden Werte wie Solidarität und gegenseitige Hilfe betont. Wenn man nun versuchen würde, Darwins Menschenbild zu beschreiben, kommt man bei linearer Betrachtungsweise dazu, festzustellen, dass dieser Wissenschaftler wohl nicht ganz klar ist bei den diesbezüglichen Aussagen. Wenn man den jeweiligen Kontext mit einbezieht, unter dem die verschiedenen Aussagen stehen, wird durchaus klar, aus welcher Perspektive der Autor jeweils schreibt.

Im *Relativismus* geht es darum, dass akzeptiert wird, dass es auch in den Wissenschaften keine absoluten Wahrheiten gibt. Eine Aussage über die Wirklichkeit muss immer die Rahmenbedingungen mit angeben, unter denen sie gültig ist. So ist es zum Beispiel in der Physik klar, dass im Bereich der newtonschen Mechanik die Gesetze von Ursache und Wirkung gelten, wie sie von den großen Physikern der Neuzeit experimentell entdeckt und mathematisch formuliert worden sind. Im Bereich der Quantenmechanik gelten diese Gesetze aber nicht – Elektronen sind keine Billardkugeln, deren Flugbahn man genau voraussagen kann. Die Angabe des Geltungsbereichs für eine wissenschaftliche Aussage wird damit so wichtig wie die Aussage selbst.

Für unser Alltagsbewusstsein ist es sicherlich zunächst gar nicht so einfach, mit dieser Mehrdeutigkeit der Wirklichkeit klarzukommen – das ist ja auch der Grund dafür, warum viele Menschen nach Eindeutigkeit streben, auch wenn sie der Wirklichkeit Gewalt antun müssen (zum Beispiel durch dogmatische und fundamentalistische Weltsichten). Andererseits eröffnet der unverstellte Blick auf die Wirklichkeit der Paradoxie des Lebens ganz neue Möglichkeiten – wir sind nicht nur auf die linear-logischen Werkzeuge unseres Gehirns angewiesen, wenn wir unser Leben erfolgreich meistern wollen, sondern können uns auch der Kräfte der Intuition, der Imagination, des Traums und der Fantasie bedienen.

Fassen wir zusammen:
- Die wahrnehmbare Wirklichkeit ist durchzogen von Paradoxien.
- Am Beispiel des Qualitätsmanagements wird eine solche Paradoxie des Alltags aufgezeigt: Wenn das Bemühen, Qualität darzustellen, ein gewisses Maß übersteigt, bleibt keine Energie mehr übrig, Qualität zu liefern.
- Dienst nach Vorschrift ist eine Alltagsparadoxie: Gerade wenn sich alle kontrolliert, das heißt nach Vorschrift, verhalten, kommt alle Aktivität zum Erliegen.
- Hochkomplexe Systeme durchlaufen regelmäßig Phasen von Nichtberechenbarkeit (chaotische Phasen), was

praktisch das Beispiel des Tripelpendels von Professor Dürr zeigt.

- Alle Versuche, perfekte Kontrolle trotz dieser Naturgegebenheiten auszuüben, führen früher oder später dazu, dass der Wirklichkeit Gewalt angetan wird. Das passiert besonders in allen Diktaturen.
- Subjektivismus, Konstruktivismus, Relativismus und Perspektivismus sind die systematischen Versuche, der Tatsache Rechnung zu tragen, dass perfekte Vorhersagbarkeit und damit Kontrolle in der Natur nicht vorgesehen sind.

Der Gegenpol zur Kontrolle: Vertrauen

Wenn wir einerseits davon ausgehen, dass das Bedürfnis nach Orientierung und Kontrolle im eigenen Leben zu den psychischen Grundbedürfnissen von Menschen gehört, andererseits aber gesehen haben, wie kontraproduktiv sich Kontrolle auswirken kann, stecken wir in einem echten Dilemma. Das kann ganz offensichtlich nicht aufgelöst werden, indem man versucht, den einen Pol zu eliminieren – wenn man beispielsweise anstrebt, keinerlei Kontrolle und Planung des eigenen Lebens mehr vorzunehmen. Das führt lediglich ins Chaos und benötigt viel psychische Kapazität zur Verdrängung von Sorgen und Befürchtungen. Umgekehrt, das haben die Beispiele in den vorangegangenen Kapiteln gezeigt, bringt der Versuch, die Kontrolle zu perfektionieren, keine wirkliche Befreiung von der Tatsache, dass das Leben selbst in weiten Teilen für uns unkontrollierbar ist – »life happens«, wie John Lennon gesagt hat.

Es wird also darum gehen, das richtige Maß zu finden: Wie viel Kontrolle ist in welchen Bereichen sinnvoll und notwendig, und wann führt Kontrolle zur Erstickung des Lebens? Und – was ist eigentlich das Gegenteil von Kontrolle? Gar nichts tun? »Loslassen«? Letzteres ist in der Psychoszene ein sehr beliebtes Schlagwort. Interessant dabei ist, dass es sich eigentlich nur um eine Negativierung handelt: hier Kontrolle – dort Loslassen von Kontrolle. Und dann?

Vertrauen ist ein Beziehungswort

Die Frage ist also, ob es einen positiven Gegenpol zur Kontrolle gibt. Und den gibt es in der Tat, nämlich *Vertrauen*. Es lohnt sich, dieses Wort etwas näher zu betrachten. Wenn wir im Herkunftswörterbuch des Dudens nachschlagen, werden wir von »vertrauen« auf »trauen« verwiesen, und dort heißt es dann:

»Das gemeingermanische Verb, mittelhochdeutsch ›trüwen‹, gotisch ›trauan‹, englisch ›to trow‹, schwedisch ›tro‹ gehört im Sinne von ›fest werden‹ zu der unter ›treu‹ behandelten Wortgruppe. Aus dem ursprünglichen Wortgebrauch im Sinne von ›glauben, hoffen, zutrauen‹ entwickelte sich die Bedeutung ›Vertrauen schenken‹ und aus reflexivem ›sich trauen‹ die Bedeutung ›wagen‹. Seit dem 13. Jahrhundert bedeutet das Verb auch ›ehelich verbinden‹, ursprünglich ›dem Manne zur Frau geben‹. Diese Bedeutung hat sich aus ›anvertrauen‹ entwickelt.«

Vertrauen ist also – ebenso wie Treue – ein Wort, das auf eine Beziehung hinweist. Beim Selbstvertrauen geht es um die Beziehung zu mir, bei den anderen Bedeutungen geht es um die Beziehung zu anderen. Das kann eine höhere Macht sein, wie beim Gottvertrauen, oder es sind andere Menschen, wie bei der Eheschließung. In letzter Zeit kamen Heiratsanzeigen in Mode, die bewusst mit der Mehrdeutigkeit des Wortes »trauen« spielen, etwa: »Monika und Hans trauen sich«. Damit wird auf die klassische Wortbedeutung der Eheschließung angespielt, aber eben auch auf das Wagnis, das zum Ausdruck kommt, wenn man sagt, jemand traut sich was.

Damit wird schon von der Bedeutungsgeschichte des Wortes klar, dass Vertrauen immer eine Beziehungserfahrung voraussetzt. Wenn wir das Thema psychologisch betrachten, so wissen wir, dass Selbstvertrauen nur entstehen kann, wenn man in einer nährenden Beziehung erfahren konnte, dass man sich auf andere Menschen verlassen kann und jemand da ist, der einen emotionalen Resonanzraum für die eigene Person bieten kann. Die Konzepte des sogenannten Urvertrauens (Claessens, Erikson) gehen davon aus, dass die Beziehungserfahrungen, die ein Kleinkind im Wesentlichen im ersten Jahr seines Lebens macht, darüber entscheiden, ob es Selbstvertrauen und Selbstwertgefühl entwickeln kann. Außerdem sind diese Erfahrungen maßgeblich dafür, in welchem Maß ein Mensch sich anderen anvertrauen beziehungsweise grundsätzlich vertrauensvoll auf andere Menschen zugehen kann. Das kann nur gelingen, wenn jemand ein gut entwickeltes Sensorium für vertrauenswürdige andere hat und dafür, wann vielleicht eher Vorsicht angebracht sein könnte. Die Grundlagen dieser »Fähigkeit zum Vertrauen« entwickeln sich sehr früh in den ersten Beziehungen zu anderen Menschen, die wir erleben – also in der Regel zu den Eltern.

Die Erklärungen psychologischer Zusammenhänge, die sich im 20. Jahrhundert in der Nachfolge der frühen psychoanalytischen Theorien entwickelt haben, enthalten häufig ein Element der Unveränderbarkeit. So auch hier: Ein bisschen erwecken die Theorien von der Entwicklung des Urvertrauens den Eindruck, dass in der frühen Kindheit alles festgelegt werde – also auch die Fähigkeit, Vertrauen zu entwickeln – und dann ändert sich nie mehr etwas. Wie wir heute wissen, nicht zuletzt dank der Ergebnisse der modernen Hirnforschung, ist das so nicht ganz richtig. Das Gehirn als zentrales Organ des Denkens, Fühlens und der Signalverarbeitung ist wesentlich plastischer als bisher angenommen. Mit anderen Worten: Die Erfahrungen, die wir lebenslang machen, tragen fortwährend dazu bei, unser Denken und Fühlen und die gesamte Erlebnisverarbeitung den aktuellen Lebensumständen anzupassen. Dass der »Grundformatierung«, die das Gehirn in der Kindheit erfahren hat, dabei eine besondere Bedeutung zukommt, ist unbestritten. Aber es ist eben nicht so, dass etwa die Kindheitserfahrung, sich auf keine vertrauensvollen Beziehungen stützen zu können, automatisch dazu führen muss, dass ein Mensch lebenslang anderen Menschen gegenüber misstrauisch bleiben muss. Ob das so kommt oder nicht, hängt stark davon ab, welche Erfahrungen dieser Mensch später machen kann. In der Psychotherapie gibt es den Fachausdruck der »emotional korrigierenden Erfahrung« – damit ist genau das gemeint: Jemand hat zwar eine bestimmte Grunderfahrung gemacht, die für ihn ungünstig ist, kann aber später eine neue Erfahrung machen, die quasi »korrigierend« wirkt.

Das geschieht allerdings in den seltensten Fällen »von allein«. Unglücklicherweise funktioniert unsere selektive Wahrnehmung nämlich so, dass wir dazu neigen, etwas, das eine bereits gemachte Erfahrung oder Grundeinstellung bestätigt, deutlich bevorzugt wahrzunehmen. Diese Eigenschaft der menschlichen Wahrnehmung führt dazu, dass Menschen »von allein« gerade keine korrigierenden Erfahrungen machen, weil sie unbewusst die Wahrnehmungen herausfiltern, die ihrer bisherigen Erfahrung widersprechen. Deshalb kann ein Mensch, der überzeugt ist, dass andere Menschen grundsätzlich nicht vertrauenswürdig sind, in der Regel tausend Beispiele aufzählen, wo er genau diese Erfahrung gemacht hat. Er lebt sozusagen in einem abgeschlossenen Erfahrungsraum des Misstrauens. Ein anderer Mensch, der in der frühen Kindheit das Glück hatte, ein gutes Urvertrauen aufbauen zu können, ist davon überzeugt, Menschen sind grundsätzlich vertrauenswürdig – und er kann genauso viele Beispiele aus seinem Leben berichten, die diese Weltsicht bestätigen. Beide suchen unbewusst die Bestätigung für ihre frühen Kindheitserfahrungen.

Nun gibt es in der erlebbaren Wirklichkeit zweifellos beides: vertrauenswürdige Menschen und solche, die Vertrauen missbrauchen. Je nach früher Kindheitserfahrung filtert der eine die eher vertrauenswürdigen Menschen in seiner Erlebnisverarbeitung heraus, der andere die eher nicht vertrauenswürdigen Menschen. So kommt es, dass zwei Menschen, die in derselben äußeren Wirklichkeit leben (also zur selben Zeit in derselben Gesellschaft), völlig unterschiedliche Bilder ihrer Umgebung für wirklich halten – und dass diese Wirklichkeit auch tatsächlich auf ihrer persönlichen Erfahrung beruht! Menschliche Wahrnehmung ist niemals »objektiv«, sondern immer geprägt durch die Voreinstellungen des Wahrnehmungsapparates – und diese sind uns in der Regel selbst nicht bewusst.

Achtsamkeit in Beziehungen

Das bedeutet für unser Thema, dass es eine unerlässliche Lebensnotwendigkeit ist, achtsam mit persönlichen Beziehungen umzugehen und in Beziehungen zu investieren – nur dann kann ich Vertrauen in andere Menschen erleben. Und das wiederum ist, wie wir gesehen haben, notwendig, wenn ich nicht der Versuchung erliegen will, durch ein Übermaß an Kontrolle das Leben abzutöten.

In Gesprächen mit Paaren oder auch bei Coachingprozessen von viel beschäftigten Geschäftsleuten verblüfft mich immer wieder, dass den meisten Menschen vollkommen klar ist, dass sie in ein Geschäft viel Energie investieren müssen, damit es anständig läuft. Bei Beziehungen haben viele die – oft nicht sehr bewusst reflektierte – Vorstellung, es genüge ein einmal vorhandenes intensives Gefühl namens »Liebe«, dann laufe auch die Beziehung. Zweifellos gehört die Erfahrung einer intensiven erotischen Liebe zu den beeindruckendsten und beglückendsten Erfahrungen, die Menschen machen können. Dass diese Erfahrung genügt, um dauerhaft eine vertrauensvolle Beziehung aufbauen zu können, ist leider nur eine schöne Idee, die in den meisten Fällen mit der Wirklichkeit relativ wenig zu tun hat. Diese Idee ist ein Erbe der deutschen Romantik, welche intensive Gefühle heftig idealisiert (und vermutlich ziemlich überbewertet) hat.

⌈In der Praxis bedürfen Beziehungen einer stetigen Pflege.⌋Das bedeutet konkret, dass ein Austausch von Gedanken und Gefühlen stattfinden muss, wenn man sich in einer Beziehung aufgehoben fühlen will. Der andere muss wissen, wie es um mich steht, und umgekehrt. Dabei ist von entscheidender Bedeutung, dass es nicht nur um den Austausch von Gedanken geht oder darum, gemeinsam Zeit zu verbringen bei einer gemeinsamen Aktivität. Entscheidend ist der Kontakt auf der emotionalen Ebene. Hierzu ein Beispiel:

Ein Ende 50-jähriger Mann suchte mich eines Tages auf, weil er sich zunehmend depressiv fühlte. Er beschrieb eine Grundbefindlichkeit von innerer Einsamkeit und Freudlosigkeit, die in den letzten Jahren immer mehr zugenommen habe. Er war verheiratet, hatte drei erwachsene Kinder und war von Beruf Hochschullehrer. In seinem Beruf war er sehr erfolgreich, war ständig auf nationalen und internationalen Kongressen unterwegs und nahm berufsbedingt viele Funktionen innerhalb der Universität, in Fachgesellschaften und verschiedenen anderen Gremien wahr. Sein Leben war reich an Kontakten zu verschiedensten Menschen in interessanten Zusammenhängen. Er verstand selbst nicht, warum er sich einsam fühlte: »Von außen betrachtet führe ich ein hochinteressantes, privilegiertes Leben mit überdurchschnittlichem Einkommen und beruflicher Sicherheit. Meine Kinder sind wohlgeraten, und mit meiner Frau komme ich gut aus.«

Wir konnten herausarbeiten, dass sein Hauptproblem war, dass er eher selten emotionalen Kontakt mit anderen Menschen aufnahm. Er war ein sehr rational betonter Mensch, was durch sein Fachgebiet der Ingenieurswissenschaft eher noch verstärkt worden war. Er konnte sich differenziert ausdrücken und gewandt im gesellschaftlichen Rahmen bewegen. Irgendwann sagte er betroffen: »Emotional bin ich ja wirklich ein Analphabet« – ein Ausdruck, den er irgendwo gelesen hatte. In der Tat war er nicht gewohnt, eigene Emotionen wahrzunehmen oder zu kommunizieren. Im Laufe unserer gemeinsamen Arbeit begann er dies immer mehr zu üben. Zunehmend begann er auch, zunächst im Rahmen seiner Familie, sowohl über seine eigenen Gefühle zu sprechen als auch ernsthaft nach den Gefühlen der anderen zu fragen. Für die Familie war das fast eine Revolution: So kannten sie ihren Vater/Ehemann nicht. Er durchlief eine Phase der Verunsicherung, in der er einmal sagte: »Ich komme mir ständig wie ein Afrikaforscher vor, der in völlig unbekanntes Terrain vorstößt.« Seine Grundbefindlichkeit begann sich langsam zu ändern, je mehr er lernte, emotional zu kommunizieren. Er beschrieb den Prozess so: »Ich habe den Eindruck, dass mein Leben, das bisher wie ein Schwarz-Weiß-Film war, immer öfter als Farbfilm abläuft, manchmal sogar schon mit Technicolor und Dolby-Surround-Ton ...«

Wenn wir uns vertrauensvoll in der Gemeinschaft mit anderen Menschen aufgehoben fühlen wollen, ist es notwendig, emotional in Kontakt zu sein – mit sich selbst und mit den Mitmenschen. Wer das nicht tut, kann schnell erleben, dass das Leben zum »Schwarz-Weiß-Film« wird, wie in unserem Beispiel. Die Gründe, warum jemand mit anderen nicht emotional in Kontakt kommt, sind sehr vielfältig. Zum einen gibt es die, die das nicht können, weil in der Entwicklung ihrer psychischen Struktur die Elemente nicht ausgebildet worden sind, die notwendig sind für einen emotionalen Kontakt, für die Fähigkeit zur Empathie und zur Wahrnehmung der eigenen und der Emotionen von anderen (siehe den Exkurs zur »Ich-Struktur«, Seite 60 ff.). Häufig findet sich aber auch ein anderes Motiv: die Furcht davor, verletzt werden zu können. »Coolness« wird dabei zur grundsätzlichen Abwehrhaltung. Menschen, die cool sein wollen, möchten psychisch unverletzbar sein – sie demonstrieren eine Haltung des »Über-allem-Stehens«, die aber tatsächlich eine Pseudosouveränität darstellt. Dieses Ideal der Moderne spiegelt sich in weiten Teilen der Popkultur und der Werbeindustrie – insbesondere in Modeanzeigen fällt auf, dass dort die Anzahl der (männlichen und weiblichen) Models in besonders »coolen« Posen im letzten Jahrzehnt stark zugenommen hat. Man kann darüber spekulieren, ob sich hier nicht ein Merkmal einer Zeit abbildet, die wenig Platz für authentische Emotionen hat, etwa nach dem Motto: Wenn du zeigst, dass du ein berührbarer Mensch bist, hast du schon verloren.

Gerade in den Subkulturen der Adoleszenz ist »Coolness« ein besonders begehrtes Ideal. Das braucht einen nicht zu wundern, ist doch die Verletzlichkeit an der Schwelle zwischen der Kindheit und dem Erwachsenenleben besonders groß. Es liegt nahe, dass daher bei pubertierenden Jugendlichen auch die Abwehr dieser Verletzlichkeit in hohem Kurs steht und man alles tut, um besonders cool zu wirken.

Die beklemmende Beziehungslosigkeit in ihrem direkten Zusammenhang mit übermäßiger Kontrolle ist künstlerisch meisterhaft vom 2007 verstorbenen Ulrich Mühe dargestellt worden im Film »Das Leben der Anderen«, der ebenfalls 2007 einen Oscar erhielt. Der Geheimdienstspitzel, der eine Wohnung penibel überwacht, in der das pralle Leben stattfindet, ist persönlich zutiefst einsam und beziehungsunfähig. Sein gesamtes Leben besteht aus Kontrolle von anderen, er selbst wirkt nicht lebendig, sondern wie ein einsamer, sinn- und hoffnungsentleerter Mensch, der beim Zuschauer eher Mitleid als Wut wegen seiner Spitzeltätigkeit auslöst.

Natürlich macht man sich verletzlich, wenn man sich emotional öffnet. Diese Tatsache lässt uns jetzt auch besser verstehen, wie Emotionalität und Vertrauen zusammenhängen: Wer im Kontakt mit anderen auf allen Ebenen kommuniziert (rational und emotional) und wer im Kontakt daher als authentisch wahrgenommen wird, bekommt eine Antwort auf seine ganze Person. Authentizität meint hier, dass der andere, mit dem man in Kontakt tritt, wahrnehmen kann, dass man seine Gefühle »authentisch« mitteilt und damit tatsächlich etwas von der eigenen Person und deren emotionalem Kern zeigt. Dieses Sich-Zeigen ist nun der entscheidende Punkt: Es schafft Vertrauen. Damit ist auch deutlich, dass die Fähigkeit zu vertrauen nicht bedeutet, dass man davon ausgeht, andere meinten es immer gut oder sind grundsätzlich nett und wohlgesonnen. Es geht im Kern um etwas deutlich Umfassenderes: Kann man im Kontakt mit seinen Mitmenschen deren emotionale Gestimmtheit und damit einen wesentlichen Teil der von ihnen gesendeten Botschaften richtig »lesen«? Anders gefragt: Ist jemand in der Lage, sich in der Komplexität menschlicher Kommunikation (verbal, mimisch, durch Tonfall und Körpersprache) gut zurechtzufinden? Umgekehrt gilt das auch: Ist jemand fähig, authentisch im oben genannten Sinne zu sein, und können andere damit gut mit ihm in Kontakt kommen?

Wenn wir achtsam mit unseren Beziehungen umgehen und sie pflegen, schaffen wir uns den Raum, in dem Vertrauen zu anderen entstehen kann, und, was genauso wichtig ist, Vertrauen zu uns selbst. Selbstvertrauen ist, analog zum Vertrauen zu anderen, die »Verlässlichkeit nach innen« – man kann sich darauf verlassen, dass man die Bedeutung der Signale, die einem der eigene Organismus zur Verfügung stellt, verstehen und richtig interpretieren kann. Das gilt für die Wahrnehmung der eigenen Gedanken wie für Körperwahrnehmungen und Gefühle. Das »Gefährt des Ichs«, der psychosomatische Organismus, erlaubt eine Orientierung in der Lebenswelt und liefert die Basis für die Entscheidungen, die täglich zu treffen sind. Wenn man diese Gewissheit haben kann, braucht man nicht ständig ängstlich zu kontrollieren, ob alles seine Ordnung hat.

Selbstvertrauen und Vertrauen zu anderen haben also eine handfeste Basis – körperlich und seelisch. Es wundert denn auch nicht, dass Menschen, die – aus welchen Gründen auch immer – über diese Basis nicht selbstverständlich verfügen können, viel irritierbarer sind durch Symptome aller Art, die sie an ihrem Körper oder in ihrer Seele wahrnehmen. Im ungünstigsten Fall erleben sie den eigenen Organismus als »Feind«, der sie ständig mit ängstigenden Signalen überschwemmt. Bei vielen psychosomatisch Kranken finden wir solche Zustände; es geht dann häufig zuerst einmal darum, das Vertrauen zu sich selbst wiederherzustellen. Das geht immer zunächst über die differenzierte Körperwahrnehmung und führt dann weiter zu der Erfahrung, dass viele Abläufe im Organismus wunderbar von selbst funktionieren, ohne dass man sich ständig kontrollierend einmischen muss.

Die waagrechte und die senkrechte Dimension unserer Beziehungen

Die zweite grundsätzliche Dimension von Vertrauen, um die es geht, ist eine spirituelle. Ich möchte das Bild des Kreuzes heranziehen: Die horizontale Linie beschreibt die Beziehung zu anderen Menschen, die vertikale die Beziehung zur transpersonalen Dimension. Gottvertrauen, Vertrauen in die Existenz, die tiefe Gewissheit, geborgen zu sein: Darum geht es bei der spirituellen Dimension von Vertrauen. Im Neuen Testament der Bibel gibt es eine sehr schöne poetische Stelle, die beschreibt, um was es hier geht:

»Sehet die Vögel unter dem Himmel an: Sie säen nicht, sie ernten nicht, sie sammeln nicht in die Scheunen; und euer himmlischer Vater nährt sie doch. Seid ihr nicht viel mehr als sie? Wer ist unter euch, der seines Lebens Länge eine Spanne zusetzen kann, ob er gleich darum sorget? Und warum sorget ihr für die Kleidung? Sehet die Lilien auf dem Felde, wie sie wachsen: Sie arbeiten nicht, auch spinnen sie nicht. Ich sage euch, dass auch Salomo in all seiner Herrlichkeit nicht bekleidet gewesen ist wie derselben eine. So denn Gott das Gras auf dem Felde also kleidet, das doch heute steht und morgen in den Ofen geworfen wird: Sollte er das nicht viel mehr euch tun, oh ihr Kleingläubigen?« (Math. 6,26–30)

In der Gruppe von Kommilitonen, mit denen ich mich als Student auf die Prüfungen vorbereitet hatte, war diese Stelle der Namensgeber für ein geflügeltes Wort: das »Lilienprinzip«. Immer wenn sich eine oder einer zu sehr in etwas verbissen hatte, wurde sie oder er erinnert: Du hast wohl das Lilienprinzip vergessen!

Um ein solches Vertrauen entwickeln zu können, bedarf es einer entsprechenden Erfahrung mit der transpersonalen Dimension. Die jeweilige Ausdrucksform dieser Erfahrung spielt eine völlig untergeordnete Rolle. Spirituelle Erfahrungen sind ja in hohem Maße kulturabhängig – im christlichen Abendland können vermutlich mehr Menschen mit dem Bild des Gekreuzigten innerlich etwas anfangen als in China, und umgekehrt werden dort mehr Menschen mit dem Symbol von Yin und Yang eine persönliche spirituelle Erfahrung verbinden, als das hierzulande der Fall ist. Allerdings: Es geht genau wie in der horizontalen Dimension um eine *persönliche Erfahrung*, nicht um ein intellektuelles Verständnis. Anders gesagt: Das Studium der Theologie nützt wenig, wenn keine persönliche Gotteserfahrung gemacht werden konnte. Diese Erfahrungen fallen in den seltensten Fällen »einfach so« vom Himmel – man muss sich auch darum bemühen, sie überhaupt machen zu können. Es ist in meinen Augen dabei durchaus von Vorteil, dass die Möglichkeiten der spirituellen Bildung nicht mehr so stark auf die religiöse Sphäre begrenzt sind, in deren geografischem Einzugsbereich jemand zufällig lebt. So fand zum Beispiel in den vergangenen Jahrzehnten eine sehr konstruktive Befruchtung der christlichen Sphäre durch den Zen-Buddhismus statt, und die von dort importierten meditativen Übungen sind für viele

Christen eine große Bereicherung ihres Alltags und ihres spirituellen Erfahrungshorizontes geworden.

Wenn ich von der Notwendigkeit der spirituellen Erfahrung spreche, um ein tragendes Gottvertrauen entwickeln zu können, ist es hilfreich, einen Blick auf die Renaissance der Mystik zu werfen. Die mystischen Traditionen aller Religionen drehen sich genau darum: um die Unmittelbarkeit der Erfahrung einer höheren Wirklichkeit. Die Betonung der Erfahrung steht dabei im Gegensatz zum intellektuellen »Glauben an etwas« – es geht um die subjektive Evidenz, die aus der persönlichen Erfahrung kommt. Mit anderen Worten: Genau wie in der Beziehung zu anderen Menschen steht in der Beziehung zu Gott nicht die theologisch-intellektuell-abstrakte Diskussion im Mittelpunkt, sondern die eigene Erfahrung mit der »senkrechten Dimension«. Wie das heute gehen kann, zeigt der nächste Abschnitt.

Gottvertrauen erfahren?
Mystik als zeitgemäßer Weg

Im allgemeinen Sprachgebrauch ist etwas »mystisch«, wenn es irgendwie geheimnisvoll, nicht klar belegbar, unverständlich und manchmal auch etwas merkwürdig ist.

In unserem Zusammenhang geht es nicht um diese Wortbedeutung, sondern um alle Praktiken, die eine transpersonale persönliche Erfahrung ermöglichen. Mystische Traditionen gibt es in allen Religionen, und sie sind immer mit bestimmten Übungen verbunden, die den Geist für die Erfahrung einer Ebene der Wirklichkeit vorbereiten sollen, die dem Alltagsbewusstsein nicht ohne Weiteres zugänglich ist. Die jeweilige spezifische religiöse Tradition hinterlässt natürlich auch in der Mystik ihre Spuren – so ist in den theistischen Religionen der Juden, Christen und Moslems der personale Gott das Ziel der mystischen Erkenntnis, während in nicht theistischen Religionen wie dem Buddhismus oder dem Taoismus die unmittelbare Erkenntnis der letzten Wirklichkeit nicht als Begegnung mit einer göttlichen Wesenheit verstanden wird, sondern als Erfahrung der Leere, die alles enthält, oder der universalen Einheit alles Geschaffenen. Jenseits dieser kulturellen Unterschiede geht es aber in allen mystischen Traditionen um die direkte persönliche Erfahrung einer transpersonalen Wirklichkeit.

Im Christentum gibt es Exerzitien, die mit Rückzug und Konzentration, häufig auch mit Praktiken des Fastens und der Askese verbunden sind. In der christlichen Tradition gab es zu allen Zeiten große Mystiker, zum Beispiel im Mittelalter Franz von Assisi, Hildegard von Bingen oder Meister Eckhardt und im ausgehenden Mittelalter Bruder Klaus (Nikolaus von Flüe). In der frühen Neuzeit wären Teresa von Avila oder Johannes vom Kreuz zu nennen, ebenso Ignatius von Loyola mit seinen berühmten Exerzitien oder Jakob Böhme. Im 20. Jahrhundert waren Dag Hammarskjöld, der frühere Generalsekretär der UNO, Teilhard de Chardin und Hugo M. Enomiya-Lassalle christliche Mystiker, die auch einer breiteren Öffentlichkeit bekannt geworden sind. Wenn man alle christlichen Mystiker aufzählen wollte, käme eine sehr lange Liste zusammen. Heutzutage werden in vielen explizit christlichen Klöstern, Bildungsstätten usw. mystische Praktiken vermittelt und praktiziert.

Die Sufis sind als islamische Mystiker bekannt geworden, die sich durch bestimmte Tanztechniken in Trance begeben, um »mit Allah eins zu werden«. Im hinduistischen Bereich sind es vor allem die Übungen des Yoga in seinen verschiedenen Ausprägungen, die die Erfahrung der mystischen Einheit ermöglichen sollen. Im Buddhismus ist es vorwiegend der Weg des Zen. Auch im Judentum gibt es in der Tradition der Kabbala einen mystischen Zweig. Der chinesische Taoismus ist per se eine mystisch ausgerichtete Religion. So beginnt der erste Vers des ersten Abschnitts im heiligen Buch *Tao te king* (nach der Übersetzung von Gia-Fu Feng, Jane English, Sylvia Luetjohann):

Das Tao, das enthüllt werden kann,
ist nicht das ewige Tao.
Der Name, der sich nennen lässt,
ist nicht der ewige Name.

Hier wird etwas Charakteristisches ausgedrückt: die Unmöglichkeit, das, um was es geht, adäquat in Worte zu fassen. Alle Mystiker betonen, dass Beschreibungen der »letzten Wirklichkeit« nicht möglich sind. Der Versuch, diese Beschreibungen trotzdem vorzunehmen, zerstört die Erfahrung dieser Wirklichkeit sogar. Damit ist von vornherein eine irgendwie geartete Objektivierbarkeit oder Beweisbarkeit mystischer Erfahrung nicht gegeben – auch wenn immer wieder versucht wird, mit naturwissenschaftlichen Methoden Mystiker zu untersuchen, etwa mit elektroenzephalografischen oder bildgebenden Verfahren, die bei Meditierenden angewendet werden. Was dann zu so absurden Schlagzeilen führt wie: »Der Sitz Gottes liegt im linken Schläfenlappen des Großhirns«.

Mystik ist immer in dem Sinne individualistisch ausgerichtet, als es um die persönliche Erfahrung eines einzelnen Menschen geht, nicht um die verfasste Religion. Das hat die Mystik sowohl den Machthabern aller Zeiten als auch den exakten Wissenschaften immer verdächtig gemacht – und auch gar nicht so selten den Funktionsträgern der verfassten, organisierten Religion: Viele Mystiker wurden und werden von den Priestern oder Funktionären der eigenen Religion als Ketzer und Abweichler verfolgt.

In einer Zeit, die zum einen sehr säkular ausgerichtet ist, in der zum anderen die Hüter und Bewahrer der traditionellen Religion sehr kritisch beleuchtet werden, scheint mir die Mystik ein durchaus zeitgemäßer Weg, um zum oben erwähnten Gottvertrauen gelangen zu können.

Es ist für viele Zeitgenossen nicht mehr überzeugend, wenn eine noch so ausgefeilte Theologie die Existenz einer transzendenten Sphäre behauptet und durch eine traditionelle Liturgie beschwört. In breiten Teilen der europäischen Gesellschaft ist ein großer Vertrauensverlust gegenüber den offiziellen Kirchen entstanden. Dies hat zum einen zu tun mit dem häufig eher unglaubwürdigen Agieren der großen Kirchen als politische Organisationen und zum anderen mit der tatsächlichen oder vermeintlichen Unvereinbarkeit kirchlicher Weltbilder mit einem aufgeklärten, naturwissenschaftlich gebildeten Bewusstsein. Beides hat zu großer Distanz breiter Bevölkerungsschichten zu den Kirchen in unserer Gesellschaft geführt. Gleichzeitig ist das Bedürfnis nach persönlich gültiger und sinnstiftender spiritueller Erfahrung durchaus groß – man braucht sich nur den riesigen Markt religiöser und pseudoreligiöser Angebote anzuschauen. Religion, im Wortsinne von »Rückbindung« (lat. re-ligare = zurückbinden) an eine größere Wirklichkeit und höhere Macht, als sie unser kleines Ich darstellt, ist eine mächtige Kraft, die Vertrauen ermöglicht. Wenn jemand persönlich gewiss sein kann, dass diese Kraft für ihn persönlich erfahrbar ist, trägt das ganz erheblich zur Reduktion von Angst und zum Gefühl der Sicherheit innerhalb der eigenen Existenz bei – mithin muss dann auch weniger Kontrolle ausgeübt werden.

Vertrauen und die Erfahrung der Sinnhaftigkeit des Lebens

Ein weiterer wichtiger Punkt in Bezug auf Vertrauen ist die Erfahrung von Sinn im eigenen Leben. Wer das eigene Leben als sinnvoll erlebt, hat bessere Chancen, sich dem Strom des Lebens vertrauensvoll hinzugeben. Der amerikanische Medizinsoziologe Aaron Antonovsky hat vor rund 30 Jahren im Rahmen seines Konzepts der »Salutogenese« diese Überlegungen systematisiert. Von ihm stammt auch das Bild des Flusses als »Strom des Lebens«, in den wir alle geworfen sind. Nach Antonovsky versuchen klassische Konzepte der Heilkunde, den Menschen bei auftauchenden Schwierigkeiten, zum Beispiel Krankheiten, aus dem Strom herauszuziehen. Im Rahmen unserer Überlegungen würde das bedeuten, möglichst viel Kontrolle auszuüben, sodass man möglichst erst gar nicht in den Fluss hineinfällt. Wenn es denn doch passiert, sollte man versuchen, schnell wieder ans trockene Ufer zu kommen. Wenn wir akzeptieren, dass wir uns im Strom des Lebens zurechtfinden müssen, der einmal gemächlich dahinfließt und einmal gefährliche Stromschnellen aufweist, ergibt sich eine andere Aufgabe: nämlich möglichst gut schwimmen zu lernen. Das bedeutet im Rahmen von Medizin und Psychotherapie, dass wir uns die Frage vorlegen: »Was hält einen Menschen eigentlich gesund?« Interessanterweise gibt es dazu in der Medizingeschichte viel weniger Überlegungen und viel weniger Forschung als zur Frage: »Was macht uns krank?«

Antonovsky führt den Begriff des »Kohärenzgefühls« ein als wesentlichen Bestandteil der Gesundheit. Um ein solches Gefühl entwickeln zu können, braucht der Mensch das Erleben von Bedeutungs- und Sinnhaftigkeit seiner eigenen Existenz. Die Betonung des Sinnerlebens als entscheidenden Faktor für die psychosomatische Gesundheit hat schon viel früher (um 1930) der Wiener Viktor E. Frankl in das Zentrum seiner Überlegungen zur Psychotherapie gestellt. Er ist der Begründer der »Existenzanalyse«, die sich zentral um die Sinnfrage als ausschlaggebende Frage für die seelische Gesundheit im menschlichen Leben kümmert.

In der salutogenetischen Betrachtungsweise nach Antonovsky gehören neben dem Sinnerleben zwei weitere Aspekte zum Kohärenzgefühl: das Gefühl der Verstehbarkeit der eigenen Existenz und das Gefühl der Machbarkeit im

Sinne der Grundüberzeugung, die Probleme, die im eigenen Leben auftauchen, handhaben zu können. Menschen, die ein gut ausgeprägtes Kohärenzgefühl besitzen, können sich leichter vertrauensvoll dem Strom des Lebens hingeben – sie haben eine tief verankerte Grundüberzeugung, dass es ihnen gelingen wird, auch mit Stromschnellen, Untiefen und reißenden Abschnitten der Strömung fertig zu werden.

Wenn wir uns die Notwendigkeit des Sinnerlebens genauer betrachten, springt ins Auge, dass die Moderne/Postmoderne unter anderem davon gekennzeichnet ist, dass Sinnhaftigkeit zunehmend weniger selbstverständlich erfahrbar wird. Man könnte geradezu von einer »Zersplitterung« des Sinnerlebens beim modernen Menschen sprechen. Woran liegt das? Der Sinn des eigenen Lebens erwächst ja nicht aus sich selbst heraus ohne Verbindung zur Gesellschaft und zur Zeit, in der man lebt. Wenn ein Sinnangebot durch die unmittelbare Lebensumwelt vermittelt wird, ist es naheliegend, dass im Prozess der individuellen Sozialisation auch dieses Sinnangebot übernommen wird. Das ist ein Grund für die Stärke traditionell verfasster Gesellschaften mit klaren Richtlinien bezüglich dessen, was richtig und falsch ist, wie man als Mann und Frau zu sein hat und welchen Sinn die Ordnung hat, in der man lebt.

Solche verbindlichen kollektiven Vorstellungen von Sinnhaftigkeit werden historisch seit dem Beginn der Neuzeit immer seltener. Im europäischen Mittelalter hatte noch alles in der Natur und der Gesellschaft seinen Platz, gemäß einer göttlichen Ordnung, deren Bauprinzipien von den Priestern der Kirche vermittelt und erklärt wurden. Für die meisten Menschen war es klar, dass die von der Kanzel verkündete und in der Liturgie des Gottesdienstes manifest werdende Sinnhaftigkeit unhinterfragt persönlich übernommen wird – es gab sozusagen gar keine Alternativen.

Der erste Bruch innerhalb dieses Verständnisses bahnte sich an, als Luther die Bibel auf Deutsch übersetzte und den Leuten sagte: Lest selbst und denkt selbst! Mit der Aufklärung schließlich kam der Zweifel als grundlegende neue Tugend in diese abgeschlossene Welt, und seit Beginn der Neuzeit bröckeln immer mehr ehemals eherne Gewissheiten, und das mit zunehmender Geschwindigkeit. In den letzten 500 Jahren sind fast alle Bilder, die man sich davor von der Welt und vom Menschen gemacht hatte, mindestens einer gründlichen Revision unterzogen worden, meistens sogar mehr als einer. Führte etwa in der Physik das Denken von Kopernikus, Galilei und ihren Nachfolgern im 16. und 17. Jahrhundert zu einer Revolution der Weltanschauung, so folgte 300 Jahre später mit der Entdeckung der Quantenphysik die nächste Erschütterung. Und hier sind wir im Bereich der Naturwissenschaften! In der Philosophie, der Religion, der Soziologie und Psychologie erfolgte die Aufsplitterung in eine unüberschaubare Vielfalt oft noch schneller. Angesichts dieser Vielfalt ist es heutzutage alles andere als einfach, ein Weltbild zu entwickeln, das sich für den Einzelnen als in sich schlüssig und sinnhaft erweist.

Um etwas als sinnvoll wahrnehmen zu können, brauchen wir emotional das schon erwähnte Kohärenzgefühl, kognitiv brauchen wir das Verständnis von Zusammenhängen. Nun leben wir in einer Welt, die in fast allen Bereichen immer unüberschaubarer wird, was schlicht an der Ausdifferenzierung des modernen Lebens liegt. Ein kleines Alltagsbeispiel: War es vor 50 Jahren noch nichts Besonderes, wenn kleine Jungs alle Autotypen, die auf den Straßen herumfuhren, auswendig hersagen konnten, würde das heute schon als fernsehreife Leistung gelten – die Menge der verschiedenen Typen ist unüberschaubar geworden.

Diese ungeheure »Inflation der Dinge« betrifft alle Bereiche des modernen Lebens, und sie betrifft auch den Bereich des geistigen und kulturellen Lebens: Die Auswahl bei fast allem war noch nie so groß wie heute. Das beinhaltet ein großes Potenzial zur Orientierungslosigkeit und Verwirrung. Wie ich in meinem Buch *Im Kern getroffen* schon dargestellt habe, ist das ein Grund für den Vormarsch von Populisten aller Art: Sie bieten einen Sinnzusammenhang in ihren schlichten Ideologien an, die die Welt vermeintlich wieder überschaubar macht. Das ist sehr attraktiv in einer Zeit, in der es durchaus schwierig wird, in der Vielfalt der Phänomene und Angebote einen persönlichen Zusammenhang zwischen allem, was einem im Leben begegnet, zu finden – und damit auch einen Sinn.

Wenn also das Gegenteil von Kontrolle Vertrauen ist – in mich selbst, in andere Menschen, in Gott –, zeigt sich, dass die Bedingungen, die es braucht, um Vertrauen entwickeln zu können, ziemlich komplexer Natur sind. Allerdings sind wir nicht passiv und hilflos einem Schicksal ausgeliefert, das uns allein davon abhängig macht, ob wir in den ersten Jahren unseres Lebens gute Bedingungen hatten, um so etwas wie »Urvertrauen« zu entwickeln. Wir können zu jedem Zeitpunkt unseres Lebens etwas dafür tun, dass der Bereich des Vertrauens wachsen kann und die angstvolle Kontrolle nicht überhandnehmen muss. Der Königsweg dazu ist die aktive Pflege von Beziehungen – wobei damit der ganzheitliche, authentische Kontakt zu anderen gemeint ist. Ich muss das Risiko eingehen, mich zu zeigen, wie ich bin, wenn ich befriedigende, sinnstiftende und vertrauensbildende Beziehungen erleben will. Menschen sind zutiefst bezogene Wesen und nicht als Monaden funktionsfähig oder auch nur denkbar.

»Alles wirkliche Leben ist Beziehung« – dieses Motto stand vor vielen Jahren über einer Ausstellung von Bildern, die Patienten im Rahmen der Kunsttherapie unserer Klinik geschaffen hatten. Dieses Motto bringt es auf den Punkt. Daher ist es ein hoffnungsloses Unterfangen, wenn ein Mensch versucht, das Bedürfnis nach Autonomie, das auch zu den seelischen Bedürfnissen gehört, dadurch zu befriedigen, dass er ohne emotionale und bedeutsame Beziehungen auskommt. Wie so häufig im menschlichen Seelenleben mit seinen Polaritäten und Paradoxien geht es um die Austarierung und die Balance zwischen den Gegensätzen des Bedürfnisses nach Autonomie und des Bedürfnisses nach Beziehung.

Fassen wir zusammen:

- Es geht nicht um ein Entweder-oder (perfekte Kontrolle oder Kontrolle ganz aufgeben), sondern um das richtige Maß an der richtigen Stelle.
- Das Gegenteil von Kontrolle ist Vertrauen.
- Vertrauen entsteht immer in der Erfahrung einer Beziehung, sowohl in der horizontalen Dimension (Vertrauen zu anderen Menschen) als auch in der vertikalen Dimension (Gottvertrauen, Vertrauen in die Existenz).
- Die Fähigkeit, Vertrauen zu entwickeln, hat mit der Bereitschaft zu tun, in einen emotionalen Kontakt mit anderen Menschen zu treten.
- Für die Entwicklung von Gottvertrauen bedarf es einer persönlichen spirituellen Erfahrung; Mystik kann ein zeitgenössischer Weg zu einer solchen Erfahrung sein.
- Das Erleben von Sinnhaftigkeit ist fundamental für die Entwicklung von Vertrauen.
- Sinnhaftigkeit hat mit der Wahrnehmung von Zusammenhang zu tun, was in der zersplitterten modernen Welt eher schwieriger geworden ist.
- Die Erfahrung von Sinn im Leben ist eng mit der Erfahrung nahrhafter Beziehungen verbunden.
- Der Königsweg zum Erleben von Kohärenz, Sinnhaftigkeit und Vertrauen besteht darin, sich auf Beziehungen einzulassen und sie aktiv zu pflegen.
- Mystische Traditionen können uns Wege zeigen, wie wir persönliche Erfahrungen im spirituellen Bereich machen können.

Die Kraft des Loslassens

Dass Loslassen einen Zugewinn an Kraft bringen soll, ist ein typisches Paradoxon. Das ist auch der Grund dafür, warum die meisten Menschen ziemliche Schwierigkeiten haben, wenn sie etwas loslassen sollen, auf das sie sich bisher verlassen konnten – zum Beispiel Kontrolle.

Hierzu ein kleines Alltagsbeispiel aus der Medizin: Für viele Menschen ist es eine eher schwierige Aufgabe, sich bei einer Untersuchung, einem Eingriff oder einem Verbandswechsel tatsächlich dem Krankenpfleger oder der Ärztin zu überlassen, die die Prozedur vornimmt. So kann man zum Beispiel beobachten, dass viele Patienten sich lieber selbst ein Wundpflaster entfernen, als dies von jemand anderem tun zu lassen – auch wenn der andere vielleicht eine Technik benutzt, die weniger schmerzhaft ist (beim Pflaster zum Beispiel der berühmte »Ruck« statt des langsamen Abziehens). Das Gefühl, die Kontrolle zu behalten, ist offenbar wichtiger als das Ausmaß des erlebten oder befürchteten Schmerzes. Das biopsychologische Paradebeispiel schlechthin für den Zusammenhang zwischen Kraftgewinn durch »Loslassen« ist der Schlaf: Im Schlaf regeneriert sich der gesamte Organismus. Das Immunsystem wird gestärkt, das Gehirn verarbeitet Erlebtes und wird wieder wach für Neues, um nur zwei Beispiele zu nennen. Um einschlafen zu können, müssen wir die Kontrolle, nämlich über unser Bewusstsein, loslassen. Menschen mit chronischen Schlafstörungen können genau das schlecht, wobei hinter dieser Unfähigkeit die verschiedensten Ursachen stecken können. Die Betroffenen haben häufig erlebt, dass Loslassen immer mit einer Gefahr verbunden ist. Diese Menschen erleben dann jede Form des Loslassens als hilfloses Ausgeliefertsein. Der biografische Hintergrund solchen Erlebens ist oft ein emotionaler oder körperlicher Missbrauch in der eigenen Lebensgeschichte. Wurde dieser Missbrauch von einer Vertrauensperson begangen, ist die seelische Wunde umso schlimmer – und das »Kontrolle-behalten-um-jeden-Preis« kann dann zu einer unbewussten Grundhaltung werden, die zum Beispiel lebenslange Schlafstörungen mit sich bringt.

Die moderne Forschung in der Psychotraumatologie lehrt uns, dass der Hauptwirkfaktor bei einer schweren posttraumatischen Belastungsstörung die Erfahrung des hilflosen Ausgeliefertseins in einer potenziell lebensbedrohlichen Situation ist. Dabei passiert im Organismus Folgendes: Alle Systeme, die dafür sorgen, dass man fliehen oder kämpfen kann, werden maximal aktiviert. Die Stresshormone Cortisol und Adrenalin werden ausgeschüttet, der Blutdruck und die Herzfrequenz steigen an, die Muskulatur wird besser durchblutet, die Verdauung wird heruntergefahren. Die Pupillen weiten sich, die Bronchien dehnen sich, damit mehr Luft in die Lungen kommen kann, die Leber beginnt Glukose zu produzieren als Energielieferant und im Gehirn wird das Schmerzempfinden abgeschwächt bei gleichzeitiger Schärfung des Denk- und Erinnerungsvermögens. Das heißt, der ganze Organismus wechselt in den maximal möglichen »Alarmmodus«, um sich in Sicherheit bringen zu können. Wenn aber gleichzeitig eine Flucht unmöglich ist, zum Beispiel wenn jemand nach einem Autounfall eingeklemmt ist, erlebt der oder die Betreffende ein maximales Gefühl des hilflosen Ausgeliefertseins und hat damit ein hohes Risiko, später eine Störung zu entwickeln, bei der diese Situation immer wieder innerlich durchlebt wird: die posttraumatische Belastungsstörung. Dass ein solcher Mensch eine panische Angst vor jeglichem Verlust von Kontrolle entwickeln kann, leuchtet unmittelbar ein.

Wenn nur Loslassen das Überleben sichern kann

Karl Weick, ein amerikanischer Psychologieprofessor, der sich als Organisationsexperte einen Namen gemacht hat, berichtet in einem Artikel für eine Fachzeitschrift über einige Beispiele mit tödlichem Ausgang, weil Menschen nicht loslassen wollten. So umklammerte der berühmte Hochseilartist Karl Wallenda seine Balancierstange bei einem Sturz auch zu dem Zeitpunkt noch fest, als er sich ohne Weiteres hätte am Seil festhalten können – und fand so den Tod. Noch eindrucksvoller ist das Beispiel von zwei kalifornischen Feuerwehrmannschaften, die bei Löscharbeiten von Explosionen überrascht wurden und nur noch fliehen konnten, um nicht im Feuer umzukommen. Für eine erfolgreiche Flucht hätten sie ihr schweres Gerät fallen lassen müssen, um sich schnell genug in Sicherheit bringen zu können. Sie erhielten sogar von ihrem unmittelbaren Vorgesetzten im Einsatz die Anweisung, das zu tun. Sie folgten der Anweisung aber nicht – 27 Menschen starben in Sichtweite zum sicheren Terrain, weil sie ihr vertrautes Werkzeug nicht loslassen wollten, um schneller sein zu können. Diese Beispiele zeigen das Problem sehr fokussiert: Normalerweise verbinden wir mit »Loslassen« einen Verlust an Kontrollmöglichkeit und damit Sicherheit. In manchen Fällen kann die Illusion der Kontrolle aber sogar tödlich sein, wie Weicks Beispiele zeigen. Er schließt daraus, dass es in existenziell bedrohlichen Situationen manchmal das einzig Richtige sein kann, das vertraute Werkzeug wegzuwerfen.

Im Verhalten der Feuerwehrleute zeigen sich zwei menschliche Grundtendenzen: zum einen die Tendenz, sich am Vertrauten festzuhalten, einfach weil es vertraut ist. Sich auf Neues einzulassen, beinhaltet immer eine gewisse Verunsicherung, weil damit ja zunächst einmal die eigenen

Möglichkeiten der Kontrolle deutlich eingeschränkt sind. Wenn ich mit der neuen Situation etwas vertrauter bin, nimmt das subjektive Sicherheitsgefühl wieder zu. Unter starkem Stress oder gar in lebensbedrohlichen Situationen wie der, in der sich die Feuerwehrleute befanden, nimmt die Tendenz, sich am Vertrauten festzuhalten, eher noch zu. Das liegt daran, dass bei starkem Stress der Anteil voll automatisierter Verhaltensweisen deutlich größer wird: Der Organismus schaltet sozusagen auf »Autopilot«. Das ist dann hilfreich, wenn die unbewussten, quasi reflexgesteuerten Verhaltensweisen der Situation angemessen sind. Alles, was nicht erst durch den Apparat der bewussten Wahrnehmung, des Denkens und Entscheidens laufen muss, geht schlicht schneller, weil die Nervenbahnen, die für die automatisierten Vorgänge gebraucht werden, schneller sind als die, die man für das bewusste Denken und Entscheiden braucht. Man kann sich das klarmachen, wenn man einfache Reflexe betrachtet: Wenn sich ein Fremdkörper schnell aufs Auge zubewegt, ist der Lidschlussreflex viel schneller als jede bewusste Körperbewegung. Unter hohem Stress und bei hohem Zeitdruck abzuwägen, dass es viel besser wäre, die bisher verwendeten Werkzeuge loszulassen, als sie festzuhalten, ist eine große Leistung, die viele Menschen schon überfordert, wenn es um harmlosere Alternativen als die zwischen Leben und Tod geht.

Zum anderen bedeutet es ja immer einen Schritt ins Ungewisse, wenn ich mein vertrautes Werkzeug loslasse – und es gibt keine Garantie dafür, dass dieser Schritt richtig ist. Das ist auch bei Prozessen, die nicht in Sekundenschnelle ablaufen wie in den beiden Beispielen, der häufigste Grund, warum Menschen nicht loslassen wollen.

Für mich am eindrucksvollsten in den letzten Jahren waren viele Burn-out-Patienten, die ich gesehen habe. Menschen, die ausbrennen, haben häufig eine unbewusste innere Grundüberzeugung, dass sie nur dann in Ordnung sind, wenn sie sich bei allem, was sie tun, maximal anstrengen. Man nennt das ein »Leistungsskript«. Das Lebensskript eines Menschen ist das (in aller Regel nicht bewusste) Drehbuch, nach dem dieser Mensch sein Leben gestaltet. Das Skript von Menschen, die zum Ausbrennen neigen, enthält Befehlssätze wie: »Lass dich niemals gehen!«, »Du musst unter allen Umständen erfolgreich sein«, »Wer rastet, der rostet«, »Müßiggang ist aller Laster Anfang«, »Wer nachlässt, geht unter« usw.

Aufgrund dieser »Programmierung« haben diese Menschen gelernt, über alle organismischen Grenzen zu gehen und sich bis in den Burn-out zu überanstrengen. Sie kommen dann in eine chronische emotionale Erschöpfung, die für den Burn-out-Zustand charakteristisch ist. Wenn diese Menschen nun an einen Punkt kommen, wo sie wirklich nicht mehr können, läuft dieses innere Programm einfach weiter – und das ist das Eindrucksvolle: Die meisten Burn-out-Patienten halten an ihrem Skript auch dann fest, wenn sie trotz aller Versuche, die letzten Willensreserven zu mobilisieren, nicht mehr können. Konkret sieht das so aus, dass sie sich massive Selbstvorwürfe machen und große Schuldgefühle ob ihres Zustandes haben. Das führt dazu, dass sie sich auch in der Therapie antreiben und von sich verlangen, den Zustand der Erschöpfung in kürzester Zeit »loszuwerden«. Tatsächlich brauchen sie im Zustand des völligen Ausgebranntseins genau das Gegenteil dessen: Sie brauchen zuerst einmal Ruhe und einen realen sowie einen innerseelischen Raum, in dem die Rekonvaleszenz überhaupt eine Chance hat.

Das Beispiel der ausgebrannten Patienten, die auch die Behandlung mit einer inneren Haltung angehen wollen, die genau in den Burn-out geführt hat, zeigt eine häufig zu beobachtende Tendenz von Menschen auf: Wenn wir in Schwierigkeiten geraten, versuchen wir sie zu beheben, indem wir die »Mehr-desselben-Strategie« anwenden. Beim Beispiel der völligen Erschöpfung heißt das: Wir strengen uns noch mehr an, obwohl dieses permanente Anstrengen zur Erschöpfung geführt hat. Burn-out-Patienten wollen auch die Therapie ihres Zustandes so angehen, wie sie bisher gearbeitet haben: mit maximaler Anstrengung.

Oder ein ganz anderes Beispiel: die finanzielle Überschuldung. Es gibt Menschen (und Staaten), denen bei Überschuldung nur eine Lösung einfällt: mehr Schulden zu machen. Dass dieses Verhalten irgendwann zum Crash führen muss, ist eigentlich klar. Trotzdem wird es nicht aufgegeben. Die »Mehr-desselben-Strategie«, egal wo sie angewendet wird, ist häufig ein deutliches Symptom der Unfähigkeit zum Loslassen.

Wenn ich das Beispiel der Burn-out-Patienten noch einmal aufgreife: Bei ihnen beginnt ein echter Genesungsprozess meist dann, wenn sie den Zustand, in dem sie sich befinden, akzeptieren und aufhören, mit aller Gewalt etwas dagegen tun zu wollen. Wir nennen das »Krankheitsakzeptanz«. Sie ist bei vielen psychosomatischen Erkrankungen der Schlüssel zu Heilung. Das ist gar nicht so leicht zu verstehen, und viele Patienten, mit denen ich über dieses Thema spreche, werden ganz verzweifelt und sagen dann Sätze wie: »Aber wenn ich die Krankheit akzeptiere, dann gehe ich doch völlig unter und werde nie mehr gesund!« In solchen Sätzen manifestiert sich die Illusion der perfekten Kontrolle ganz deutlich: Diejenigen, die so denken, haben keinerlei Vorstellung von der Kraft des Loslassens.

Die Krankheit, an der man die Kraft, die aus dem Loslassen kommt, am besten studieren kann, ist die Sucht. Diese Krankheit dreht sich zentral um die Fragen von Kontrolle und Kontrollverlust, und ein Definitionskriterium für Abhängigkeitserkrankungen unter anderen ist der Verlust der Kontrolle über den Substanzgebrauch durch die Betroffenen. Wenn man mit Suchtkranken spricht, so berichten die meisten von ihnen über eine Phase ihrer Erkrankung, in der sie einen intensiven Kampf um die Kontrolle über das Suchtmittel geführt haben. Auch wenn ihnen die Kontrolle schon längst entglitten ist, verleugnen das die meisten eine mehr oder weniger lange Zeit und machen sich selbst und anderen vor, dass ja noch alles in Ordnung sei. Die Erfahrung des tatsächlichen Kontrollverlusts ist sowohl ängstigend als auch für die meisten Betroffenen sehr demütigend und von vielen Schamgefühlen begleitet. Der Wendepunkt, der gleichzeitig der Startpunkt für eine erfolgreiche Therapie sein kann, setzt dann ein, wenn diese Patienten sich eingestehen, dass sie keine Kontrolle mehr haben – ein im Grunde genommen erstaunliches Paradox.

Die Anonymen Alkoholiker formulieren diese Erkenntnis im ersten Schritt ihres »Zwölf-Schritte-Programms« so: »Wir gaben zu, dass wir dem Alkohol gegenüber machtlos sind – und unser Leben nicht mehr meistern konnten.« Sie nennen das die »bedingungslose Kapitulation« – eine Begrifflichkeit, die mir persönlich zu militärisch klingt, ich ziehe das Wort »Krankheitsakzeptanz« deshalb vor. Viele Patienten, die diesen Schritt innerlich für sich vollzogen haben, berichten von einer ungeheuren Erleichterung, weil sie nicht mehr an einer Stelle kämpfen müssen, an der sie faktisch den Kampf schon lange verloren haben. Sie erfahren im Moment der Akzeptanz die Kraft des Loslassens, darin besteht das hochwirksame Paradox.

»Es gibt keine Hilfe« – ein mächtiges Trostwort

Fritz Mühlenweg beschreibt in seinem Jugendbuch *Großer-Tiger und Christian* die Abenteuer eines deutschen Jungen in der Mongolei. Dabei spielt ein Trostwort, das von dem jungen Mongolen *Großer-Tiger* immer wieder zitiert wird, eine große Rolle: »Es gibt keine Hilfe.« Zunächst scheint es völlig unverständlich zu sein, warum dieser Satz ein Trostwort ist. Es liegt ihm dieselbe Weisheit zugrunde wie dem ersten Schritt der anonymen Selbsthilfegruppen: die Akzeptanz.

Wenn ich akzeptiere, dass etwas ist, wie es ist, werden ganz andere Kräfte frei zum Umgang mit der Situation, als wenn ich von vornherein gar nicht bereit bin, die Situation so zu akzeptieren, wie sie nun mal ist. Das Trostwort »Es gibt keine Hilfe« kommt aus einem ganz anderen Kulturkreis als dem westlichen, über dem ja eher das amerikanische »Alles ist möglich« als Motto steht. Bei dem Wort, das Großer-Tiger als Trostwort nennt, steht der Taoismus Pate, der im fernöstlichen, vom klassischen China stark beeinflussten Kulturkreis große Verbreitung erfahren hat.

Aus dem Taoismus kommt die Philosophie des »Wu wei«, wörtlich »nicht handeln«. Damit ist nicht, wie im Westen oft missverstanden, gemeint, dass man vollkommen inaktiv ist und den Dingen einfach ihren Lauf lässt. Es geht vielmehr darum, *mit* der Energie der Natur zu gehen und nicht gegen sie. »Das Tao tut nichts, und doch bleibt nichts ungetan«, heißt es bei Laotse. Wenn man die Aussage »Es gibt keine Hilfe« als Trostwort akzeptiert, setzt das eine andere Grundhaltung voraus, als sie in unserer Kultur üblich und alltäglich ist. Die abendländische Kultur hat ihre größten Erfolge dort erzielt, wo sie eroberte: die Natur durch die Wissenschaften, die Welt durch ihre kolonialen Armeen. In gewisser Weise ist diese Haltung der Gegenpol zum taoistischen Wu wei. Im Zeitalter der Globalisierung kennen wir hier vieles Fernöstliche, das aus der Grundhaltung erwachsen ist, die einen deutlichen Gegensatz zur Haltung des »Machens« und »Eroberns« darstellt. Das im Westen bekannteste diesbezügliche Beispiel sind vielleicht die Kampfsportarten, die sich den Angriffsimpuls des Gegners zunutze machen und diesen quasi durch seine eigene Energie zu Fall bringen, zum Beispiel das Judo.

Die Grundhaltung des Wu wei beinhaltet, dass die bedingungslose Akzeptanz des Vorhandenen ein guter Ausgangspunkt ist, um sich in der Welt zurechtzufinden. Dabei ist eine zweite Klippe zu umschiffen: Akzeptanz heißt nicht Resignation. Viele Menschen, die mit dem Paradox der Akzeptanz erstmals konfrontiert werden, erliegen diesem Missverständnis wie im folgenden Beispiel:

Eine Patientin, die wegen schwerer Schlafstörungen ärztliche Hilfe suchte, berichtete eine Vorgeschichte von wiederholten heftigen persönlichen Kränkungen und geschäftlichen Niederlagen. Sie war Juristin und hatte recht erfolgreich mit ihrem Mann zusammen eine Anwaltskanzlei in einer großen Stadt betrieben. Die beiden hatten zwei Kinder, die noch zur Schule gingen. Eines Tages erfuhr sie, dass ihr Mann sie betrog – mit einer jungen Anwaltsgehilfin, die früher in ihrer gemeinsamen Kanzlei beschäftigt gewesen war. Sie entschloss sich, sich von ihrem Mann zu trennen. Daraufhin fing ein ziemlich destruktiver Kampf um die Aufteilung der Kanzlei, das Sorgerecht für die Kinder und das gemeinsame Haus und Vermögen an – es war einer jener Kämpfe, bei denen am Schluss alle verlieren, unabhängig davon, wer die Schlacht »gewinnt«.

In der Folge dieser Auseinandersetzungen entwickelte die Frau immer mehr Beschwerden und verlor immer mehr an persönlicher Souveränität. Das Symptom, das sie am meisten quälte, war eine schlimme Schlaflosigkeit – obwohl sie hundemüde und erschöpft war, konnte sie abends nur schwer einschlafen und keine Nacht durchschlafen. Ihr chronisches Schlafdefizit bekämpfte sie durch die Einnahme von Beruhigungsmitteln, was ihr vorübergehend Erleichterung verschaffte.

Zu dem Zeitpunkt, als ich sie zum ersten Mal sah, erfüllte sie die diagnostischen Kriterien einer Abhängigkeit von Beruhigungsmitteln. Im Erstgespräch wirkte sie sehr erschöpft und sehr verzweifelt, aber entschlossen, weiter-

zukämpfen: gegen ihren Mann, gegen den drohenden Verlust der Kanzlei und gegen das Gefühl, ihren Kindern nicht mehr gerecht zu werden – und auch gegen die Beruhigungsmittel, deren Einnahme sie unbedingt kontrollieren wollte, obwohl ihr diese Kontrolle bereits entglitten war. Sie wirkte auf mich wie jemand, der in den Sumpf geraten ist und mit Armen und Beinen zappelt, um herauszukommen, dadurch aber nur tiefer hineingerät. Als ich ihr die Diagnose ihrer Abhängigkeit mitteilte, wurde sie wütend und fühlte sich von mir angegriffen, als hätte ich ihr gesagt, sie sei ein schlechter Mensch.

Ich schlug ihr vor, als Basis der Problemlösung zunächst einmal die Probleme, die es zu lösen gilt, als gegeben zu akzeptieren – dazu gehörte auch die Akzeptanz ihrer inzwischen eingetretenen Abhängigkeit von Tranquilizern. Ihre spontane Reaktion war: »Wenn ich das alles akzeptiere, kann ich mir ja gleich einen Strick kaufen.« Sie hatte Akzeptanz und Resignation verwechselt und kam vor lauter Anstrengung, aus ihrer Situation rauszukommen, gar nicht mehr dazu, Atem zu holen. Das erste Ziel der Behandlung war denn auch schlicht, dass sie ein bisschen zur Ruhe kommen konnte. Das gelang auch, und zwar über den Weg, dass sie aufhörte, wie wild zu rudern, und akzeptierte, dass es ihr so ging, wie es ihr ging. Der teilweise blinde Aktivismus, der sie angetrieben hatte, wich daraufhin einer tiefen Traurigkeit. Erst nachdem sie sich erlaubte, diese Traurigkeit wahrzunehmen und ihr einen inneren Raum zu geben, war es auch wieder möglich, dass sie sich auf ihre Stärken besann. Diese konnten wir dann im therapeutischen Prozess gut nutzen.

Wenn uns der Fluss des Lebens in eine Gegend mit reißender Strömung und gefährlichen Stromschnellen führt, ist es zunächst nicht verwunderlich, dass wir unsere Bemühungen verstärken, das Schiff unserer Existenz auf Kurs zu halten, indem wir uns vermehrt anstrengen gegenzusteuern. Wir denken: Wenn der Strom unsere Kräfte übersteigt, muss das Boot kentern und wir gehen unter. Die Philosophie des Loslassens schlägt eine andere Strategie vor, nämlich den Fluss genau zu beobachten und ihm geschickt zu folgen – also nicht gegen die Stromschnellen zu rudern, sondern sich so in sie hineinzubegeben, dass man ihre Energie nutzt und nicht untergeht. Um diese Metapher wirklich verstehen zu können, müssen wir uns den Unterschied zwischen Kontrollverlust und bewusstem Loslassen verdeutlichen.

Wenn man die Kontrolle verliert, ist normalerweise einfach Folgendes passiert: Die Umstände sind stärker geworden als die persönliche Kraft, sie zu kontrollieren. In der Regel heißt das, dass man keinerlei Einfluss mehr auf das Geschehen hat und ein Spielball der Kräfte geworden ist, um die es gerade geht – seien es die Wellen in einem reißenden Fluss oder die Zustände auf dem Weltfinanzmarkt, in dem das eigene Aktieninvestment gerade vernichtet wird. Mit anderen Worten: Aus einem aktiv Handelnden – solange man noch Kontrolle ausübt – wird mit einem Schlag ein passiver Spielball der Ereignisse, und zwar ab dem Moment, wo man die Kontrolle verliert.

Beim Loslassen liegen die Verhältnisse ein bisschen anders, weil man von vornherein die Tatsache, dass Kontrolle nur in einem kleinen Bereich überhaupt möglich ist, immer im Bewusstsein behält. Das führt zu einer Lebensgrundhaltung, die nicht nach »So-viel-Kontrolle-wie-möglich-in-allen-Lebenslagen« strebt, sondern weiß, dass es in vielen Fällen klüger ist, keine Energie mit Kontrollversuchen zu verschleudern. Die entscheidende Frage dabei ist allerdings, wo genau es denn nun sinnvoll ist, Kontrolle auszuüben und wo nicht – beziehungsweise welche Mischung aus Kontrolle und einer Haltung des »Wu wei« am besten einer bestimmten Situation entspricht. Offenbar ist es also stark situationsabhängig, wie die Mischung aus Kontrolle und Loslassen aussehen muss, damit daraus ein gutes Leben resultiert.

Vom Entweder-oder zum Sowohl-als-auch

In der Tat geht es nicht um ein Entweder-oder, sondern um ein Sowohl-als-auch, und nicht selten geht es auch um die richtige Reihenfolge. Bei der Frage der Krankheitsakzeptanz in unserem Beispiel war es von entscheidender Bedeutung, dass ein Schritt des Loslassens vor der aktiveren therapeutischen Arbeit stattgefunden hatte.

Manchmal ist es auch umgekehrt: Wenn man zum Beispiel einen Garten anlegt, ist es zunächst notwendig, aktiv eine Struktur zu schaffen. Man wählt geeignete Orte zum Einsetzen der Pflanzen, die mehr Sonne brauchen, und jener, die sich im Schatten wohler fühlen. Man bereitet den Boden, entfernt das Unkraut, wässert die neu gepflanzten Gewächse. Dann kommt eine Phase des Loslassens: Ob die Pflanzen wachsen und gedeihen, müssen wir abwarten. Danach kommt wieder eine aktive Phase, in der wir das Unkraut entfernen, die Bäume schneiden usw. Der Gärtner, dem es gelingt, zu den richtigen Zeiten das Richtige zu tun, nämlich zu kontrollieren oder loszulassen, wird mit einem prächtigen Garten belohnt. Derjenige, der gar nichts tut, hat bald eine Wildnis, und derjenige, der zu viel tut, erstickt das Leben – wenn man Pflanzen zum Beispiel zu viel gießt, verfaulen sie.

Ähnlich verhält es sich mit menschlichen Lern- und Erziehungsprozessen. Auch hier gibt es zwei Extreme, die beide zu einem schlechten Ergebnis führen. Das eine ist der permanente Drill und hohe Druck, wie er in manchen Erziehungsidealen propagiert wurde und wird. Diese Methode übersieht, dass Lernen und Wachsen komplexe lebendige Prozesse sind, die über ein erhebliches Potenzial zur Selbstorganisation verfügen und daher nicht vertragen, wenn ständig eingegriffen wird. Das andere Extrem ist der Verzicht auf jeden Eingriff, wie er in manchen antiautoritären Erziehungsidealen propagiert wird. Bei diesen Ideen wird das Prinzip der Selbstorganisation idealisiert und als einziges Wirkprinzip schlechthin betrachtet. Die Ergebnisse sind deutlich schlechter, als wenn eine Mischung zwischen strukturierter Anforderung und Loslassen praktiziert wird. Beim Verzicht auf jede Kontrolle droht die orientierungslose Verwahrlosung, ähnlich wie beim verwilderten Garten. Man kann verwilderte Gärten sehr schön, romantisch und idyllisch finden, aber darum geht es nicht – die Frage ist: Was ist optimal jenseits eines strengen Entweder-oder?

Die Geschichte vom weißen Pferd

Menschen, die zur Überbetonung der Kontrolle neigen, erliegen häufig einer weiteren Illusion: nämlich der, dass bestimmte Ereignisse doch notwendigerweise bestimmte andere Ereignisse nach sich ziehen müssen und es dementsprechend einfach sei, ein bestimmtes Ereignis als positiv oder negativ zu bewerten. Das geht nach dem Motto: Ein Lottogewinn ist natürlich gut, ein Autounfall ist schlecht, das ist doch klar. Aus demselben Kulturkreis, aus dem der paradoxe Trost des »Es gibt keine Hilfe« kommt, stammt folgende Geschichte:

In einem kleinen chinesischen Dorf lebte ein Bauer, der, wie seine Nachbarn auch, sehr arm gewesen ist; allerdings besaß er ein wunderschönes weißes Pferd, das er von seinem Vater geerbt hatte – dieser hatte es in jüngeren Jahren in der Steppe eingefangen und gezähmt. Immer wieder kamen andere Bauern oder Adlige vorbei, die ihm große Summen für das Pferd boten, aber er verkaufte es nicht, weil es ein Geschenk seines Vaters war. Eines Morgens war das Pferd verschwunden – der Stall war leer. Die Leute aus seinem Dorf kommentierten den leeren Stall mit einer Mischung aus Schadenfreude und Besserwisserei: »Haben wir dir nicht immer gesagt, dass du das Pferd verkaufen sollst? Jetzt ist es gestohlen, und du hast kein Pferd und kein Geld! Das Unglück geschieht dir recht, was muss auch ein armer Bauer ein solches Prachtpferd besitzen!« Der Bauer antwortete: »Ihr habt recht, das Pferd steht nicht im Stall – das ist offensichtlich, und das kann man mit Sicherheit sagen. Ob das ein Unglück ist oder nicht, wissen wir nicht.«

Die Leute schüttelten die Köpfe über den wunderlichen Bauern und ließen ihn stehen. Nach drei Tagen kehrte das Pferd zurück und brachte noch sechs weitere prächtige Pferde aus der wilden Steppe mit; es war nicht gestohlen worden, sondern in die Wildnis gegangen, wo es andere Wildpferde traf, die ihm folgten. Nun sagten die Leute: »Welch ein Glück – dein Pferd hat dir einen Schatz eingebracht mit diesen prächtigen Wildpferden.« Der Bauer antwortete: »Ihr habt recht; sechs Wildpferde sind in meinen Stall gekommen; mehr kann man nicht sagen. Ob das ein Glück ist oder ein Unglück – man wird sehen.«

Nun begann der einzige Sohn des Mannes, die Pferde nach und nach zuzureiten, aber eines Tages stürzte er vom wildesten der Pferde und brach sich beide Beine. Die Leute des Dorfes kamen und bedauerten den Jungen und seinen Vater: »Oh, welch ein Elend, dein einziger Sohn hat beide Beine gebrochen – er wird bestimmt sein Leben als Krüppel fristen müssen!« Wieder antwortete der Bauer: »Mein Sohn hat beide Beine gebrochen – das ist wahr. Ob euer Urteil stimmt, dass das ein Elend ist, weiß ich nicht.« Die Leute hielten den Mann nun endgültig für ein bisschen verrückt.

Einige Zeit später beschloss der chinesische Kaiser, in den Krieg zu ziehen, und ließ Truppen über das Land streifen, die den Befehl hatten, alle jungen Männer zur Armee einzuziehen. Es war ein großes Klagen im Dorf, weil die

Familien ihre Söhne in den ungewissen Krieg gehen lassen mussten – bis auf den Bauern, dessen Sohn nicht eingezogen wurde wegen seiner gebrochenen Beine. Die Leute sagten: »Wie bist du vom Glück gesegnet – dein Sohn ist zwar schwer verletzt worden, aber er darf bei dir bleiben!« Der Bauer antwortete: »Ihr werdet nicht müde, die Dinge des Lebens zu beurteilen und zu bewerten – dabei kann man nur sagen, dass mein Sohn bei mir bleiben darf, mehr nicht. Ihr vergesst, dass das Leben zusammenhängt – von einem einzigen Ereignis lässt sich nie sagen, ob es gut oder schlecht ist: Es kommt darauf an, was folgt.«

In unserer Familie ist es zum geflügelten Wort geworden, wenn ein Ereignis eintrifft, das jemand als besonders positiv oder als besonders negativ bewertet: »Möglicherweise ist das ein typisches weißes Pferd.« Und tatsächlich verhält es sich ja im wirklichen Leben genau wie in der Geschichte des chinesischen Bauern: So manches, was uns als größtes Glück erscheint, wenn es uns widerfährt, erweist sich einige Zeit später als schwere Bürde, und so manches schwierige Ereignis im Leben erweist sich im Nachhinein als segensreich für unsere Entwicklung. Es gibt keine Vorhersagbarkeit, und deshalb ist der chinesische Bauer sehr weise, wenn er das Urteilen unterlässt. Das bringt den praktischen Vorteil mit sich, dass man das Leben nicht aufgrund von Spekulationen über die Zukunft leben muss, die sich häufig als unrichtig erweisen. Stattdessen darf man mehr Hier und Jetzt leben. Viele Menschen, die ständig bewerten und urteilen und versuchen, die Zukunft komplett planbar zu machen, hindern sich daran, das Beste aus ihrer Gegenwart zu machen. Das führt nicht selten zu einer merkwürdigen Form von Dauerbesorgnis, obwohl in der Gegenwart eigentlich alles in Ordnung ist.

Die zwei Dimensionen der Zeit: Chronos und Kairos

Nun gibt es unzweifelhaft viele bedeutsame Entscheidungen, die man heute treffen muss und die ihre Auswirkungen erst in der Zukunft zeigen – was also ist zu tun? Hier sollten wir zunächst noch einmal zu den alten Griechen zurückgehen. Die hatten zwei verschiedene Zeitbegriffe: Chronos und Kairos. Chronos ist die ablaufende Zeit, die linear fortschreitende und mit der Uhr gemessene, sozusagen wissenschaftliche Zeit. Kairos dagegen ist der richtige Zeitpunkt für eine Sache. Der Gott Kairos war bei den alten Griechen der Gott der günstigen Chance oder des richtigen Augenblicks. Unser Sprichwort von der »Gelegenheit, die man beim Schopf packen muss« geht vermutlich auf eine antike Darstellung des Gottes Kairos zurück, die diesen mit einer besonderen Locke auf dem Kopf zeigt. Wenn wir uns nicht nur an Chronos, sondern auch an Kairos orientieren, bedeutet das, ein Gefühl dafür zu entwickeln, wann etwas »stimmt«. Also ein Gefühl dafür zu bekommen, wann der richtige Zeitpunkt für eine Entscheidung da ist. Wir alle kennen Menschen, die grundsätzlich alles bis zum letzten Augenblick aufschieben, ständig zu spät kommen und einen dauernden Zeitdruck mit sich herumschleppen. Das andere Extrem sind Leute, die vor lauter Vorausplanen keinen Spielraum mehr für Unvorhergesehenes haben und tatsächlich nicht mehr »spielen« können – man spricht nicht umsonst von »Spielraum«.

Beim Umgang mit der Zeit – und zwar mit Chronos und mit Kairos – kann man die zentralen Punkte gut sehen, um die es bei der Frage nach Kontrolle versus Loslassen geht. Ein gutes Zeitmanagement besteht nämlich nicht aus perfekter Verplanung der Zeit, sondern lässt Spielräume. Spielräume schaffen ist immer eine Funktion des Loslassens, weil das voraussetzt, dass man darum weiß, dass perfekte Kontrolle nicht funktionieren kann. Im Falle des Umgangs mit der Zeit kann das zu dem Paradox führen, dass man die Unplanbarkeit einplant – indem man zum Beispiel im Terminkalender Zeiträume schafft, die aus unstrukturierter Zeit bestehen.

Klassischerweise ist der Urlaub eine solche Zeit. Das Wort »Urlaub« kommt von »erlauben« (alt- beziehungsweise mittelhochdeutsch »urloup«) und bezeichnete die Erlaubnis, die ein Höherstehender einem Ritter geben konnte, sich zu entfernen, ohne der Kontrolle durch den Herrn unterworfen zu sein. Ursprünglich ist der Urlaub also ein nicht von vornherein strukturierter Zeitraum, sondern ein Bereich, der nicht der strengen Alltagskontrolle unterliegt. Heute planen viele Leute ihren Urlaub beziehungsweise ihre Freizeit so, dass auch in diesem Bereich möglichst nichts Unvorhergesehenes mehr passieren soll: Die Ferienindustrie pflastert auch die letzte Möglichkeit des offenen Erlebens mit einem entsprechenden strukturierten Angebot zu. Diese Angebote versuchen zwar oft den Eindruck zu erwecken, man erlebe ein Abenteuer; tatsächlich ist das Abenteuer aber bis ins letzte Detail vororganisiert und wir erleben nur noch die Illusion eines Abenteuers, ähnlich dem Erlebnis im Kino- oder Fernsehsessel: Wir sind bei einem spannenden Film dabei, aber eben nur als Zuschauer. Das hat den Vorteil großer Sicherheit und Kontrolle, bleibt aber eben ein »Als-ob-Erlebnis«.

Probieren Sie aus, wirklich unstrukturierte Zeit zu planen (schon wieder ein Paradoxon) – Sie werden mit Sicherheit ganz neue Erfahrungen machen, und sei es die, dass Sie Unstrukturiertheit und Nicht-Planung nur sehr schlecht aushalten können. Der volle Terminkalender, das »Immerzu-beansprucht-Sein« ist eine gute Methode, um die Tatsache, dass das Leben zu großen Teilen eben nicht planbar ist, vor sich selbst zu verbergen. Ein großer Teil der Leute, die jede Minute ihres Lebens effektiv verplanen, hegen unbewusst eine enorme Angst vor der Leere – dabei geht es aber eigentlich nicht um die Leere, sondern um die Unkontrollierbarkeit, vor der sie Angst haben.

Wenn man die Dimension des Kairos berücksichtigt, kann das zu einem ganz anderen Umgang mit der Zeit führen. Man achtet dann nicht nur auf die Effizienz der Zeitgestaltung, sondern berücksichtigt, wann der optimale Zeitpunkt für ein bestimmtes Vorhaben gekommen ist – das ist ein qualitativ völlig anderer Umgang mit der Zeit, als rein linear einen Termin an den anderen zu hängen, bis der Tag vorbei ist. Diese Erkenntnis ist keineswegs neu – es gibt dazu einen sehr poetischen Text aus dem Alten Testament, er steht beim Prediger Salomo (3,1–8):

Ein jegliches hat seine Zeit,
und alles Vorhaben unter dem Himmel
hat seine Stunde:
geboren werden hat seine Zeit, sterben hat seine Zeit;
pflanzen hat seine Zeit, ausreißen, was gepflanzt ist,
hat seine Zeit;
töten hat seine Zeit, heilen hat seine Zeit;
abbrechen hat seine Zeit, bauen hat seine Zeit;
weinen hat seine Zeit, lachen hat seine Zeit;
klagen hat seine Zeit, tanzen hat seine Zeit;
Steine wegwerfen hat seine Zeit, Steine sammeln
hat seine Zeit;
herzen hat seine Zeit, aufhören zu herzen
hat seine Zeit;
suchen hat seine Zeit, verlieren hat seine Zeit;
behalten hat seine Zeit, wegwerfen hat seine Zeit;
zerreißen hat seine Zeit, zunähen hat seine Zeit;
schweigen hat seine Zeit, reden hat seine Zeit;
lieben hat seine Zeit, hassen hat seine Zeit;
Streit hat seine Zeit, Friede hat seine Zeit.
Man mühe sich ab, wie man will,
so hat man keinen Gewinn davon.

Hier wird das Prinzip des Kairos beschrieben, und schon beim Lesen stellt sich ein ganz anderes Gefühl ein, als es entsteht, wenn man einen vollen Terminkalender anschaut, den man sich selbst bis an den Rand gefüllt hat: Es wird etwas vom Fluss des Lebens spürbar in diesem Text und davon, dass manches vielleicht besser laufen könnte, wenn wir uns nicht ständig kontrollierend einmischen würden. Wie schon gesagt, man braucht, um die Weisheit des Kairos nützen zu können, ein Gefühl für »Stimmigkeit« – woher soll ich sonst wissen, dass ein Zeitpunkt der Richtige ist, für welches Vorhaben auch immer? Beim Wort »Stimmigkeit« fällt auf, dass da möglicherweise ein ähnlicher Bereich gemeint ist wie bei Antonovskys »Kohärenzgefühl«. Es geht offenbar um die Wahrnehmung des Zusammenhangs im Außen der Ereignisse mit der Innenwelt des eigenen Seins.

Das Ausfüllen von Zeit im Terminkalender kennt nur einen Faktor, um den es geht: die Zeitlücke, die man noch zur Verfügung hat, die dann mit einem Termin gefüllt wird. Wenn der Sinn für den richtigen Zeitpunkt, also der Sinn für Kairos, dazukommt, scheint es zunächst einmal komplizierter zu werden – noch eine Größe mehr, die man beim eigenen Zeitmanagement berücksichtigen muss! Das stimmt aber nur vordergründig: Tatsächlich laufen die Dinge, wenn Kairos stimmt, auch bei Betrachtung der linearen Zeit viel effizienter ab! Dazu zwei alltägliche Beispiele: Wenn ich eine Tätigkeit, die meine gesamte Intelligenz und emotionale Präsenz erfordert, in die zehnte Arbeitsstunde eines Tages lege, ist in aller Regel meine Leistungsfähigkeit deutlich geringer, als wenn ich diese Tätigkeit ausführe, wenn ich in der ersten oder zweiten Stunde meines Arbeitstages noch nicht ermüdet bin. Oder: Wenn jemand eine bestimmte Pflanze außerhalb der für sie günstigsten Pflanzzeit in den Garten setzt, erfordert es in der Regel sehr viel mehr Aufwand, damit sie anwächst – wenn das überhaupt gelingt.

Heute wissen wir, dass es sogar quasi eine »Biologie des Kairos« gibt: die Biorhythmen. Das gesamte Leben ist von Rhythmizität durchzogen, wobei die Zyklen der verschiedenen lebendigen Rhythmen stark schwanken: von Millisekunden bis zu Jahren. Der Wechsel von Systole und Diastole (Zusammenziehen und Erschlaffen des Herzmuskels) geht im Sekundentakt; seelische Reifungsprozesse erstrecken sich häufig über Jahre. Im Zusammenhang mit dem Thema »Kontrolle versus Loslassen« sollten wir uns noch einmal dem alltäglichen Rhythmus zuwenden, der zum Beispiel durch die Phasen von Wachheit und Schlaf geprägt ist. Dieser Rhythmus bildet sich ab im Cortisolspiegel im Blut. Cortisol, ein sogenanntes Stresshormon, spielt eine große Rolle bei der Fähigkeit des Organismus, mit Stress angemessen umzugehen. Der Cortisolspiegel im Blut weist eine charakteristische Schwankung im Verlauf der 24 Stunden eines Tages auf: Normalerweise ist er nachts abgesenkt gegenüber den Werten am Tag, wo der Organismus leistungsfähig sein muss. Wenn stressvolle Aufgaben zu bewältigen sind, steigt der Cortisolspiegel.

An diesem Beispiel zeigt sich, dass bis in die biologischen Grundlagen hinein sozusagen das Prinzip »Kairos« am Werk ist – wir können nicht einfach von unseren Biorhythmen absehen und so tun, als wäre ein Organismus zu jeder Zeit immer gleich leistungsfähig. Genau dies wird aber in unserem durchgetakteten Alltag, der eher an den Bedürfnissen technischer Abläufe als an denen lebendiger Organismen ausgerichtet ist, häufig nicht berücksichtigt. Das ist nicht nur für einzelne Menschen unangenehm, sondern auch insgesamt eher ineffektiv. Auch bei diesem Thema gilt: Wenn wir, statt Kontrolle ausüben zu wollen, ein bisschen mehr loslassen und auf den eigenen Organismus hören, kommt mehr dabei heraus. Der Versuch, gegen den eigenen Biorhythmus zu leben, hat auch immer etwas Gewalttätiges an sich – man tut dem eigenen Organismus Gewalt an, statt seine reichhaltigen Möglichkeiten elegant zu nutzen. Es gibt hierzu eine schöne Zen-Geschichte:

Zwei Zen-Mönche, die bei unterschiedlichen Zen-Meistern in die Praxis des Zen eingewiesen worden waren, unterhalten sich über ihre Lehrer. Der eine prahlt: »Mein Meister kann Wunder vollbringen – wenn er am einen Ufer des Flusses steht und ich am gegenüberliegenden Ufer ein leeres Papier hochhalte, schreibt er ein heiliges Schriftzeichen in die Luft und es erscheint auf meinem Papier! – Kann deiner auch Wunder vollbringen?« Antwortet der andere: »Oh ja, mein Meister vollbringt ebenfalls Wunder: Wenn er hungrig ist, isst er, und wenn er müde ist, schläft er.«

Wie bei vielen Zen-Geschichten ist auch hier die Pointe eher eine sehr einfache: Das Wunder besteht in der völlig unspektakulären Akzeptanz dessen, was ist, und in der Hingabe an den natürlichen Rhythmus des Lebens durch den Meister.

Die Forderung nach dem Leben im Hier und Jetzt, wie es in manchen spirituellen Gemeinschaften als höchstes Ideal gepriesen wird, kann nicht übersetzt werden mit »in den Tag hineinleben und den lieben Gott einen guten Mann sein lassen«. So wird das häufig missverstanden und dann zu Recht von denjenigen abgelehnt, die ein verantwortungsbewusstes Leben führen wollen. Da ist es schließlich notwendig, sich auch Gedanken über die Zukunft zu machen und Pläne zu schmieden. Schließlich treffen wir heute sehr wohl Entscheidungen, die sich erst in der Zukunft auswirken werden, wenn wir auch nicht sicher wissen können, wie.

Intuition: Ein wichtiger Kompass im Leben

Um mit dieser Spannung zwischen dem Leben in der Gegenwart und der Notwendigkeit zu planen gut umgehen zu können, braucht man neben der Bewusstheit für den richtigen Zeitpunkt – neben dem rein chronologischen Zeitmanagement – noch etwas anderes: eine gute Intuition. Sie ist die Schwester der Rationalität, und es ranken sich viele Geschichten um sie – spannende, geheimnisvolle und manchmal auch merkwürdige Geschichten. In der Welt der perfekten Kontrolle hat die Intuition keinen guten Ruf – man misstraut ihr zutiefst, weil sie sich genau dem entzieht, wonach die Kontrolle immer ruft: Berechenbarkeit und Vorhersagbarkeit. Was ist das denn nun eigentlich, die Intuition?

Umgangssprachlich das »Bauchgefühl« genannt, geht es offenbar um etwas anderes als um den klaren Verstand. »Intuitio« (lat.) heißt wörtlich »unmittelbare Anschauung«. Dabei geht es um den Modus unserer Wahrnehmung und unserer Bewertung von Sachverhalten, der a priori unbewusst abläuft und blitzschnell Zusammenhänge erfassen kann, ohne dass wir explizit benennen könnten, wie wir genau zu einer bestimmten intuitiven Einschätzung gelangt sind. Diese Unmöglichkeit trägt wesentlich zum schlechten Ruf der Intuition bei, den diese in der Welt der exakten Berechenbarkeit und der rationalen Argumente genießt – für intuitive Einschätzungen findet man in der Regel keine Begründungen. Die Funktionsweise der Intuition ist ganzheitlich und zusammenhangsorientiert, und sie speist sich aus der Summe unserer Erfahrungen, die unbewusst abgespeichert sind – also schon im Gehirn vorhanden, aber eben jenseits der unmittelbaren Zugriffsmöglichkeiten des Bewusstseins.

Spiegel online berichtet im April 2007 von einem Experiment des Heidelberger Psychologen Henning Plessner: »Er ließ seine Probanden von einem Nachrichtenticker die

Kursentwicklungen fünf verschiedener Aktien laut ablesen, während ihre vermeintliche Hauptaufgabe darin bestand, ebenfalls auf dem Monitor gezeigte Werbespots zu beurteilen. Anschließend konnten die Probanden keine Frage beantworten, die Plessner ihnen zu den Aktien stellte. Erst als sie frei von der Leber weg über die Aktien sprechen durften, trumpften die Studenten auf: Sie konnten die Aktien gefühlsmäßig einwandfrei beurteilen und stuften die Kurse mit den höchsten Gewinnen tatsächlich am positivsten ein. ›Dieses Ergebnis hat mich eine gewisse Ehrfurcht vor unserem Denkorgan gelehrt‹, sagt Plessner.«

Es handelt sich hier um einen Versuch, sich dem Phänomen experimentell zu nähern, dass wir offenbar mehr Wissen abgespeichert haben, als uns bewusst zur Verfügung steht. Mittlerweile gibt es kaum mehr Forscher, die diese Tatsache ernsthaft bezweifeln. Demnach wäre Intuition die Fähigkeit, dieses Wissen zu nutzen, auch wenn wir uns über die Herkunft des Wissens im Einzelnen in der jeweilig konkreten Situation nicht im Klaren sind.

Diese Tatsache macht die Intuition natürlich anfällig für alle möglichen Arten von Fehlern, die gerade nichts mit abgespeichertem, durch Erfahrung gesichertem Wissen zu tun haben, sondern mit Ängsten, Vorurteilen und sonstigen Störfaktoren, die dann als Intuition daherkommen. Es nützt nichts, wenn wir unsere eigenen Vorurteile für gute Intuition halten oder einen sichtbaren Zusammenhang ignorieren zugunsten eines »intuitiven Gefühls«. Unglücklicherweise gibt es kein gutes »Werkzeug«, mit dem man die Verzerrungen der Intuition so gut feststellen kann, dass man von vornherein wüsste, ob man einer intuitiven Eingebung nun vertrauen kann oder nicht. Hier gilt: Die Verabsolutierung des angeblich unfehlbaren »Bauchgefühls« ist ebenso wenig sinnreich wie die bedingungslose Anbetung von Rationalität und Kontrolle. Die Form der Intuition, die ich meine, hat etwas mit abgespeicherter Erfahrung zu tun – und ist möglicherweise umso treffsicherer, je mehr Erfahrung ein Mensch auf dem jeweiligen Gebiet hat, um das es gerade geht.

Wir haben als Studenten immer diejenigen klinischen Lehrer bewundert, die am Krankenbett nach einem Gespräch mit dem Patienten eine Vermutung äußerten, in welche Richtung die Diagnostik laufen müsste, obwohl diese Richtung durch die beobachtbaren Fakten nicht ohne Weiteres zu erkennen gewesen wäre – und die dann recht hatten mit ihren Vermutungen. Man erklärte uns das immer als den »klinischen Blick«, den Ärzte mit viel Erfahrung nun einmal hätten. Dem Phänomen lag vermutlich tatsächlich die große Erfahrung zugrunde, die der ältere Kliniker hatte: Nach vielen Fällen, die er gesehen hat mit einer bestimmten Konstellation von Merkmalen, steht ihm implizit mehr Information zur Verfügung als dem Anfänger, auch wenn diese Information ganzheitlich verpackt und unbewusst abgespeichert ist. Trifft dieser Mensch dann auf eine Kombination von Merkmalen in einer Situation, die er bewerten soll, kann er aufgrund dieses abgespeicherten, »impliziten« oder »intuitiven« Wissens zu Schlussfolgerungen kommen, die sich bei Verwendung rein rationaler Kriterien nicht ergeben hätten.

Oder ein anderes Beispiel: Menschen, die sich beruflich viel mit ästhetischen Kategorien beschäftigen, haben manchmal ein erstaunlich treffsicheres Urteil, wenn es um Geschmacksfragen geht. Sie können dann sagen: »Das und das passt nicht zusammen«, wo ein unbefangener Betrachter noch gar nicht weiß, was er sagen soll. Das Urteil des Nichtzusammenpassens kommt aus einem großen Fundus von Erfahrungen und kann dann relativ schnell gefällt werden, auch wenn der Betreffende erst im Nachhinein Argumente hinzufügt, die rational klingen; in unserem Beispiel etwa das Wissen über Stilepochen.

Der alltäglichste Bereich, in dem wir Menschen unsere intuitiven Fähigkeiten einsetzen, ist die Einschätzung der emotionalen Befindlichkeit unseres Gegenübers. Unser Ge-

210

hirn entschlüsselt dabei in Sekundenschnelle eine Fülle von Informationen, die sich aus der Mimik, der Gestik, der Körperhaltung, dem Tonfall der Stimme, dem Nähe-Distanz-Verhalten und der sozialen Situation, in der eine Begegnung stattfindet, ergeben. In aller Regel geht diese Einschätzung komplett an unserem Bewusstsein vorbei, ist aber für die Kommunikation mit anderen Menschen trotzdem ausschlaggebend. Menschen, die über diese Art der komplexen Wahrnehmung des Gegenübers nicht verfügen, sind in gewisser Weise »seelenblind«. Dieser Begriff meint im engeren Sinne die Unfähigkeit, Gesichter zu erkennen, obwohl sie wahrgenommen werden, und ist eine neurologische Störung im Gehirn. Ich verwende den Begriff hier im weiteren Sinne: Wenn man die emotionale Befindlichkeit des Gegenübers nicht wahrnehmen kann, ist die Kommunikation auf der Beziehungsebene massiv eingeschränkt, auch wenn auf der Sachebene ein kommunikativer Austausch möglich ist.

Während die nüchterne Betrachtung eines Sachverhalts nach rationalen Gesichtspunkten dem Modus der Kontrolle zugeordnet werden kann, geht es bei der Intuition offensichtlich mehr um das Nicht-Kontrollieren. Hier wird ganz offensichtlich, dass es nicht um ein Entweder-oder geht, sondern um eine Ergänzung. Unser Gehirn ist so angelegt, dass wir den rationalen, kontrollierenden Teil und die intuitiven Informationsquellen nutzen. Letzteres wird nur möglich sein, wenn wir unsere intuitive Kraft zunächst einmal selber beachten und würdigen, was in unserer Kultur nicht selbstverständlich ist. Man trifft nach wie vor auf eine große Skepsis gegenüber allem Intuitiven, weil es weder berechenbar noch ohne Weiteres intersubjektiv vermittelbar ist und ihm daher der Ruch der reinen Willkür und Beliebigkeit anhängt.

Das bedeutet, dass man seine Intuition und ihren Gebrauch »trainieren« muss. Das funktioniert anders als die klassischen »Gehirnjogging«-Methoden, bei denen eher

Merkfähigkeit und diskursives Problemlösen geübt werden. Wenn man sich den eigenen intuitiven Fähigkeiten nähern will, ist man schon wieder mitten im Thema des Loslassens. Das Wort »Training« beinhaltet normalerweise eine aktive Tätigkeit, ein »Machen«. Bei der Intuition geht es eher darum, die bewusste Aktivität zu lassen und zuzuhören, was mir der Organismus signalisiert, wenn ich nicht willentlich und vorsätzlich etwas tun will.

Man kann zum Beispiel damit anfangen, das Körperinnere bewusster wahrzunehmen oder mehr auf seine Träume zu achten. In anderen Kulturen und anderen Zeiten galten gerade Träume als wichtige Informationsträger für den Träumer – sie gehören zum intuitiven Bereich. In der tiefenpsychologisch orientierten Therapie benutzt man sie auch heute, um Informationen zu bekommen, die dem Wachbewusstsein nicht zur Verfügung stehen. Das Problem scheint mir zu sein, dass es in einer naturwissenschaftlich-technischen Zivilisation gar nicht so einfach ist, intuitive Kräfte zu erkennen und zu pflegen. Allerdings kann man auch die Beobachtung machen, dass viele Menschen sehr wohl intuitiv handeln und erst im Nachhinein dieses Handeln rationalisieren – man schämt sich quasi der eigenen Intuition, statt bewusst mit ihr umzugehen und auch damit Erfahrungen zu sammeln. Es ist meines Erachtens unerlässlich herauszufinden, in welchem Bereich die eigene Intuition zuverlässig funktioniert und wo nicht. Wenn man diesem Bereich genauso viel Beachtung schenkt wie dem rationalen, diskursiven Denken, kann man eine hohe Treffsicherheit darin erreichen, wann es besser ist, auf intuitive Impulse zu hören und ihnen zu folgen, und wann besser nicht.

Menschen, die ganz selbstverständlich intuitiv handeln, üben oft eine gewisse Faszination aus. Sie wirken sehr sicher in der Navigation ihres Lebensschiffes, ohne dass man von außen genauer erkennen könnte, wie sie das eigentlich machen. Ein für mich unvergessenes Beispiel in dieser Hinsicht ist Virginia Satir (1916–1988), die zu den Pionieren der Familientherapie gehörte und von der ich viel gelernt habe. Sie arbeitete oft mit großen Gruppen und hatte eine traumwandlerische Sicherheit bei ihren manchmal sehr komplexen Interventionen in und mit einer Gruppe. Wenn wir sie in einer Ausbildungsgruppe baten, einige dieser Interventionen theoretisch zu erläutern, bekamen wir nicht selten zu hören: »I don´t know; come and see!« Sie hatte tiefes Vertrauen nicht nur in die eigene – von immenser Erfahrung mit Familien und anderen sozialen Systemen unterfütterte – Intuition, sie war auch überzeugt, dass man bei hoher Komplexität durch bloße Beobachtung viel lernen kann, möglicherweise sogar mehr als durch reine Theorievermittlung.

Aus meiner eigenen Lerngeschichte in der Psychotherapie würde ich das auch bestätigen, allerdings den Satz hinzufügen, der Einstein zugeschrieben wird: »Es gibt nichts Praktischeres als eine gute Theorie.« Es spricht überhaupt nichts dagegen, wenn man eine Gegenprobe seiner Intuition anhand theoretischen Wissens vornimmt – und umgekehrt: Wenn meine Intuition einem theoriegeleiteten Vorgehen deutlich widerspricht, würde ich das immer als einen Hinweis darauf nehmen, dass irgendetwas nicht stimmt, und versuchen herauszufinden, was das ist: Schließlich können auch die Theorien falsch sein beziehungsweise nicht auf das Problem passen, für das ich sie gerade verwenden will.

Virginia Satir benutzte für die Intuition das Bild der »Weisheitsschachtel«. Wenn jemand für ein bestimmtes Problem Rat gesucht hat, sagte sie: »Listen to your wisdom box!«, und war davon überzeugt, dass diese Box quasi körperlich zu verorten sei. Sie sprach davon, ihre eigene »wisdom-box« im Bereich des Sonnengeflechts im Oberbauch zu spüren. Und in der Tat hat Intuition viel mit Körperwahrnehmung zu tun, nicht umsonst spricht man vom »Bauchgefühl«. Menschen, die eine schlechte Körperwahrnehmung haben, können häufig von der intuitiven Seite ihres Wissens nicht so gut Gebrauch machen – sie sind tatsächlich »verkopft«. Wenn man sagt, eine Entscheidung »fühlt sich nicht gut an« oder »Es fühlt sich nicht stimmig an«, geht es um die intuitive Stimme, die häufig mit ganz bestimmten Körpergefühlen verbunden ist. Wenn Sie auf diese Stimme hören, verzichten Sie *bewusst* auf einen Teil der Kontrolle und ersetzen sie durch etwas viel Wirkungsvolleres.

Die Voraussetzung dafür ist das Vertrauen zum eigenen Organismus und zur eigenen Intuition – hier geht es sehr deutlich um Vertrauen als Gegenpol zur Kontrolle. Intuition ist etwas sehr Komplexes und spiegelt daher auch die Komplexität der äußeren Wirklichkeit, in der wir uns täglich bewegen. Rationalität und Diskursivität – übrigens gerade auch in der Wissenschaft – zielen auf die vollständige Beschreibbarkeit dieser Wirklichkeit ab. Deshalb ist jede wissenschaftliche Theorie auch eine Reduktion von Komplexität – gegen die so lange nichts zu sagen ist, solange sie nicht zu sehr verallgemeinert. Noch einmal Einstein: »Wir sollten die Dinge so einfach wie möglich machen, aber nicht einfacher.« Wer in dem Sinne wissenschaftsgläubig ist, dass er nur noch gelten lässt, was wissenschaftlich abgesichert ist, rennt der Wirklichkeit in zweierlei Hinsicht hinterher: beim Thema Komplexität (weil *alle* Zusammenhänge nie wissenschaftlich abgebildet werden können, sondern immer nur ein Teil) und beim Thema der Zeitgebundenheit der Erkenntnis. Auch wissenschaftliche Erkenntnisse gelten nur so lange, bis eine neue Theorie die alte über den Haufen wirft. Daher wäre es durchaus wichtig, auch in einer technikbasierten Zivilisation wie der unseren die Intuition wieder zu ihrem Recht kommen zu lassen, als komplexes Instrument, was einer komplexen Wirklichkeit durchaus in vieler Hinsicht entspricht.

Wo brauchen wir Kontrolle und wo nicht?

Die entscheidende Frage ist natürlich nach wie vor: Wo ist denn nun Kontrolle sinnvoll und wo nicht? Diese Frage ist sicherlich nicht verallgemeinernd zu beantworten, sondern hängt vollständig von der jeweiligen konkreten Gegebenheit ab. Allgemein gilt nur dies: Je komplexer eine Sache ist, desto höher wird der Anteil des Nichtkontrollierbaren. Sich dessen bewusst zu bleiben, wäre schon ziemlich hilfreich; man kann dann vermeiden, sehr viel Energie in den Versuch der perfekten Kontrolle zu stecken, wo dieser Versuch schon von der Natur der Komplexität der Sache her vergebens sein wird.

An dieser Stelle ist es vielleicht hilfreich, sich das sogenannte Pareto-Prinzip (nach Vilfredo Federico Pareto, 1848–1923, Ingenieur, Soziologe und Ökonom), auch »80-20-Regel« genannt, einmal zu vergegenwärtigen und auf unser Thema anzuwenden. Es besagt, dass mit 20 Prozent des Arbeitseinsatzes 80 Prozent der Arbeitsergebnisse erzielt werden können. Mit anderen Worten: Für die letzten 20 Prozent, die benötigt werden, um ein 100-prozentiges Ergebnis zu erzielen, werden 80 Prozent des Arbeitseinsatzes gebraucht. Wenn ich dieses Prinzip hier zitiere, so handelt es sich um eine Analogie, denn es wurde zur Beschreibung statistischer Phänomene in der Ökonomie entwickelt, die sich sehr häufig antreffen lassen. Pareto fand bei einer damaligen Untersuchung heraus, dass 20 Prozent der Bevölkerung 80 Prozent des Vermögens besitzen. Das Prinzip wird seither in vielen Bereichen bemüht (zum Beispiel beziehen sich 80 Prozent der Unterstützungsanfragen bei onlinebasierten Hilfssystemen auf 20 Prozent aller denkbaren Probleme; 80 Prozent des Gesamtumsatzes eines Großhändlers mit vielen Artikeln wird von nur 20 Prozent des Gesamtsortiments erwirtschaftet usw.).

Man könnte jetzt vermuten, dass diese Regel vielleicht auch bei unserem Thema ganz hilfreich sein könnte: Mit

20 Prozent Kontrollanstrengung, wobei auch immer, wären dann schon 80 Prozent der Aufgabe, um die es geht, gelöst. Das würde bedeuten, dass wir zur Erlangung der letzten 20 Prozent, die zur kompletten Kontrolle noch fehlen, 80 Prozent der Gesamtenergie aufwenden müssen. Und da stellt sich schon die Frage, wo das wohl gerechtfertigt ist und wo nicht.

Es leuchtet vermutlich jedem spontan ein, dass es Bereiche gibt, wo eine perfekte Kontrolle erstrebenswert wäre, auch wenn es enorme Ressourcen verschlingt, um der Perfektion möglichst nahezukommen. Dass diese grundsätzlich nicht erreichbar ist, haben wir ausführlich in den vorangegangenen Kapiteln gesehen; und dieses Faktum stellt schon eine bedeutungsvolle prinzipielle Einschränkung dar. Bei der Flugsicherheit oder bei der Sicherheit von Kernkraftwerken würde vermutlich jeder zustimmen, dass es gerechtfertigt ist, 80 Prozent Aufwand für 20 Prozent Sicherheit zu betreiben. Wir kommen auch dann nur *rechnerisch* auf 100 Prozent Kontrolle, nicht *faktisch* – sonst gäbe es keine Flugzeugabstürze oder Kernkraftkatastrophen wie beim Beinahe-GAU im Reaktor Three Mile Island in den USA 1979 oder in Tschernobyl 1986. In den meisten Alltagsbereichen, mit denen wir es zu tun haben, ist es nicht sinnvoll, einen so hohen Aufwand für so einen geringen Effekt zu betreiben.

Nehmen Sie einmal das einfache Beispiel der Ordnung auf dem Schreibtisch oder im Arbeitszimmer. Hier kann man das Pareto-Prinzip sehr gut veranschaulichen. Man hat relativ schnell eine Ordnung hergestellt, die eine sinnvolle Arbeit möglich macht, auch wenn nicht jeder einzelne Bogen Papier genau in dem Ordner abgeheftet ist, wo er eigentlich hingehört, und nicht jedes Schreibgerät einen definierten Platz hat – man ist also mit relativ wenig Ordnungsaufwand (20 Prozent) arbeitsfähig. Die Arbeitsfähigkeit wird nur noch geringfügig besser, wenn man mit viel Aufwand (80 Prozent) das gesamte Arbeitszimmer so durchstrukturiert, dass alles aufgeräumt ist und nicht die kleinste »Schmuddelecke« übrig bleibt. Oder ein anderes Beispiel: Die Bedienung des Schreibprogramms, mit dem ich diesen Text auf dem Computer schreibe, habe ich mir so angeeignet, dass ich 80 Prozent der Aufgaben, die es erledigen soll, mit meinen Kenntnissen des Programms bewältigen kann. Wenn ich das Programm so gut beherrschen wollte, dass ich alle auftretenden Schreib- und Formatierungsprobleme, die überhaupt auftreten können, lösen könnte, müsste ich enorm viel Zeit in das Erlernen der Feinheiten des Programms investieren. Mit anderen Worten: Ich passe meine Kontrollanstrengungen der tatsächlichen Notwendigkeit an und investiere nicht mehr Energie, als notwendig ist, um mit dem Schreiben klarzukommen.

Das Ampelsystem: Die Kombination von Kontrolle und Offenheit

Das Problem bleibt natürlich, dass man von vornherein fast nie weiß, wie viel Kontrolle bei einer Sache notwendig und sinnvoll ist – das muss man mit der Zeit herausfinden. Wenn man sich zu wenig angestrengt hat mit der Kontrolle, wird man viele Probleme bekommen, die man nicht hätte, wenn man ein bisschen mehr Zeit investiert hätte. Die Methode, herauszufinden, wie viel Kontrolle bei einer Sache gut ist, ist das »Lernen durch Tun« – aber man geht in jedem Fall anders an die Sache heran, wenn man von vornherein nicht der Illusion der perfekten Kontrolle erliegt.

Anhand eines Beispiels aus dem Bereich der alltäglichen Arbeitsorganisation möchte ich hier noch einmal die Paradoxie der Kontrolle ganz praktisch verdeutlichen. Es geht dabei um das »Ampelsystem der Aufgabenerledigung«: Man nimmt drei Ablagekörbe in den Farben Rot,

Gelb und Grün. Wenn eine Aufgabe eintrifft, kommt sie in die rote Ablage. Rot heißt »ganz wichtig und dringend«. Nach einem festgelegten Zeitschema (zum Beispiel jeden Abend vor Verlassen des Büros oder jeden Freitag oder am Ende jedes Monats, je nach Menge und Art der Aufgaben) wird überprüft, ob der Vorgang immer noch »rot« ist – dann muss er am folgenden Tag erledigt werden. Wenn er nicht mehr so wichtig oder so dringend ist, kommt er in die gelbe Ablage: Gelb heißt »wichtig, aber nicht dringend«. Bei der gleichen Überprüfung werden die Vorgänge, die zum Zeitpunkt der Überprüfung weder »wichtig« noch »dringend« sind, in die grüne Ablage gelegt. Grün heißt: kann warten. Wenn bei den Überprüfungzyklen ein Vorgang mehrmals im grünen Körbchen bleibt, ohne dass das eine Aktion zur Folge hat, kommt er in den Papierkorb. Genauso kommen die Vorgänge, die auch bei mehrmaliger Überprüfung im roten Körbchen bleiben, auf den Schreibtisch zur umgehenden Erledigung.

Menschen, die dieses System konsequent anwenden, berichten erstaunt, dass bis zu einem Drittel aller Vorgänge, die als »dringend und wichtig« beginnen, schließlich im Papierkorb landet, ohne dass das irgendeine sichtbare Konsequenz hätte. Warum ist das so?

Wir haben es beim Ampelsystem mit einer gut ausgeklügelten Kombination von Kontrolle und Loslassen zu tun. Der Kontrollaspekt entsteht dadurch, dass durch die festen Zyklen, in denen alle drei Ablagekörbe durchgeschaut werden, kein wichtiger Vorgang einfach verschlampt wird oder ein unwichtiger sehr viel Zeit in Anspruch nimmt. Der Aspekt des Loslassens kommt dadurch zur Geltung, dass in der gelebten Wirklichkeit sich ja tatsächlich manchmal Dinge von selbst erledigen beziehungsweise keiner weiteren Aufmerksamkeit bedürfen – und zwar wegen der Komplexität der meisten Vorgänge, mit denen wir es zu tun haben. Da hat sich ein Aspekt eines bestimmten Vorgangs entscheidend geändert, weil es eine neue Gesetzesverordnung gibt; da wechselt ein wichtiger Geschäftspartner auf eine andere Position; da ergeben sich für die eigene Tätigkeit neue Prioritäten und so weiter und so fort – all dies bekommt bei diesem System sein Recht, ohne dass man das Gefühl haben muss, etwas Wesentliches aus dem Blick zu verlieren.

Jetzt sind wir am Ende unserer Betrachtungen angelangt, und vielleicht ist eines deutlich geworden: Es geht in der Tat um die schwierige Kunst, die Dinge miteinander zu verbinden, statt sie als Gegensätze aufzufassen und zu versuchen, nur einen Pol der Gegensätzlichkeit gelten zu lassen. Kontrolle und Vertrauen, naturwissenschaftliche Gesetze und Gotteserfahrung, das Eigene und das Fremde, Chronos und Kairos, logisches Denken und Intuition, Planung und Geschehenlassen: Wir brauchen beide Pole, um gut leben zu können. Es sieht manchmal einfacher aus, wenn man darüber diskutiert, ob das eine oder das andere richtig sei – aber die Wirklichkeit, mit der wir es jeden Tag zu tun haben, ist nicht so. Sie will, dass wir lernen, uns der verschiedenen und manchmal gegensätzlichen Aspekte des Lebens gewahr zu werden, sie gelten zu lassen und sich ihrer im Leben zu bedienen. Und das ist eigentlich ganz tröstlich so.

Fassen wir zusammen:
- Loslassen bringt häufig einen Zugewinn an Kraft.
- Die meisten Menschen tun sich besonders dann schwer mit dem Loslassen, wenn sie in einer belastenden Situation stecken: Unter Stress neigen wir dazu, die vertrauten Muster anzuwenden und nach dem »Mehr-desselben-Prinzip« zu verfahren.
- Um richtig loslassen zu können, brauchen wir neben einem guten Zeitmanagement (Chronos) ein gutes Gefühl für den richtigen Zeitpunkt einer Sache (Kairos).
- Das wichtigste Instrument zur Navigation jenseits der Kontrolle ist die Intuition.

- Intuition kann man trainieren.
- Bei der Frage, wie viel Kontrolle wo notwendig und sinnvoll ist, gilt das Pareto-Prinzip: Mit 20 Prozent Aufwand kann man 80 Prozent Ergebnis erzielen.
- Es ist allerdings notwendig, zu prüfen, in welchen Fällen sich der Versuch lohnt, möglichst viel Kontrolle zu erlangen und wo nicht.
- Das Ampelsystem der Aufgabenerledigung zeigt ein ganz praktisches Beispiel, wie man im Alltag den Wunsch nach Kontrolle und die Wirksamkeit des Loslassens kombinieren kann.

Literatur

Andersen, Hans Christian: *Andersens Märchen*, Hamburg: Dressler, 4. Aufl. 1998

Antonovsky, Aaron: *Salutogenese. Zur Entmystifizierung der Gesundheit*, Tübingen: Deutsche Gesellschaft für Verhaltenstherapie 1997

Balint, Michael: *Der Arzt, sein Patient und die Krankheit*, Stuttgart: Klett-Cotta, 10. Aufl. 2001

Bauer, Joachim: *Lob der Schule. Sieben Perspektiven für Schüler, Lehrer und Eltern*, Hamburg: Hoffmann und Campe 2007

Die Bibel, nach der Übersetzung Martin Luthers, Stuttgart: Württembergische Bibelanstalt 1970

Brecht, Bertolt: »Leben des Galilei«, in: *Gesammelte Werke 3*, Werkausgabe, Frankfurt/M.: Suhrkamp 1967

Claessens, Dieter: *Familie und Wertsystem. Eine Studie zur »zweiten sozio-kulturellen Geburt« des Menschen und der Belastbarkeit der »Kernfamilien«*, Berlin: Duncker & Humblot, 4., durchges. Aufl. 1979

Duden. Das Herkunftswörterbuch der deutschen Sprache, Mannheim/Leipzig/Wien/Zürich: Dudenverlag 1989

Enzensberger, Hans Magnus: *Der kurze Sommer der Anarchie, Buenaventura Durrutis Leben und Tod*, Frankfurt/M.: Suhrkamp, 14. Aufl. 2008

Erikson, Erik H.: *Der vollständige Lebenszyklus*, Frankfurt/M.: Suhrkamp, 6. Aufl. 2005

Frankl, Viktor E.: »Grundriss der Existenzanalyse und Logotherapie«, in: Frankl, Viktor E.: *Logotherapie und Existenzanalyse. Texte aus sechs Jahrzehnten*, Weinheim: Beltz 2002

Frey, Bruno S.; Inauen, Emil: *Benediktinerabteien aus ökonomischer Sicht. Über die außerordentliche Stabilität einer besonderen Institution*, Working Paper No. 388, www.uzh.ch/iou/orga/ssl-dir/wiki/index.php./Main/EmilInauen

Grawe, Klaus: *Psychologische Therapie*, Göttingen: Hogrefe, 2., korr. Aufl. 2000

Grawe, Klaus; Donati, Ruth; Bernauer, Friederike: *Psychothera-*

pie im Wandel. Von der Konfession zur Profession, Göttingen: Hogrefe 1994

Grimm, Jakob u. Wilhelm: *Die Kinder- und Hausmärchen der Brüder Grimm*, Lindau: Antiqua 1988

Grötker, Ralf: »Der Wohlfühl-Faktor«, in: *brand eins*, 10. Jhg., Heft 12/2008

Kafka, Franz: *Gesammelte Werke*, Frankfurt/M.: Fischer-TB 1976

Kuhn, Thomas S.: *Die Struktur wissenschaftlicher Revolutionen*, Frankfurt/M.: Suhrkamp, 20. Aufl. 2007

Laotse: *Tao te king. Das Buch vom Sinn und Leben*, München: Hugendubel 2004

Merton, Robert K.: »The Self-Fulfilling Prophecy«, in: *The Antioch Review*, 8, S. 193–210

Mühlenweg, Fritz: *Großer-Tiger und Christian*, München: dtv 1998

Posth, Rüdiger: *Vom Urvertrauen zum Selbstvertrauen. Das Bindungskonzept in der emotionalen und psychosozialen Entwicklung des Kindes*, Münster: Waxmann 2007

Rook, Marion: *Theorie und Empirie in der Burnout-Forschung. Eine wissenschaftstheoretische und inhaltliche Standortbestimmung*, Hamburg: Dr. Kovac 1998

Salzburger Äbtekonferenz (Hrsg.): *Die Regel des heiligen Benedikt*, Beuron: Beuroner Kunstverlag 1992

Sartre, Jean-Paul: *Geschlossene Gesellschaft*, Reinbek: Rowohlt-TB 1986

Schwab, Gustav: *Die schönsten Sagen des klassischen Altertums*, München: Goldmann 2008

Simon, Fritz B.: »Paradoxiemanagement oder: Genie und Wahnsinn der Organisation«, in: *Revue für postheroisches Management*, Heft 1/August 2007

Sprenger, Bernd: *Im Kern getroffen. Attacken aufs Selbstwertgefühl und wie wir unsere Balance wiederfinden*, München: Kösel, 3. Aufl. 2009

Sprenger, Bernd: »Standards in der Behandlung des Burnout-Syndroms bei Fach- und Führungskräften«, in: Gesundheitsstadt Berlin e.V. (Hrsg.): *Handbuch der Gesundheitswirtschaft*, Berlin: Medizinisch Wissenschaftliche Verlagsgesellschaft 2007

Sprenger, Reinhard K.: *Mythos Motivation. Wege aus einer Sackgasse*, Frankfurt/M.: Campus, 18. Aufl. 2007

Suzuki, Shunryu: *Zen-Geist, Anfänger-Geist. Unterweisungen in Zen-Meditation*, Stuttgart: Theseus 2008

Watts, Alan: *Der Lauf des Wassers. Die Lebensweisheit des Taoismus*, Frankfurt/M.: Insel, 3. Aufl. 2007

Weick, Karl E.: »Drop your tools. An allegory for organisational studies«, in *Administrative Science Quarterly*, June 1996, S. 301–313

Winterhoff, Michael: *Warum unsere Kinder Tyrannen werden. Oder: Die Abschaffung der Kindheit,* Gütersloh: Gütersloher Verlagshaus, 19. Aufl. 2009